企业"九学科"管理思维

杨 森 刘亚翠 ◎ 著

中国财富出版社有限公司

图书在版编目（CIP）数据

企业"九学科"管理思维／杨森，刘亚翠著 . —北京：中国财富出版社有限公司，2022.5

ISBN 978－7－5047－7699－0

Ⅰ.①企⋯　Ⅱ.①杨⋯ ②刘⋯　Ⅲ.①企业管理　Ⅳ.①F272

中国版本图书馆 CIP 数据核字（2022）第 076491 号

| 策划编辑 | 沈安琪 | 责任编辑 | 邢有涛　沈安琪 | 版权编辑 | 李　洋 |
| 责任印制 | 梁　凡 | 责任校对 | 卓闪闪 | 责任发行 | 杨　江 |

出版发行	中国财富出版社有限公司		
社　　址	北京市丰台区南四环西路 188 号 5 区 20 楼	**邮政编码**	100070
电　　话	010－52227588 转 2098（发行部）　　010－52227588 转 321（总编室）		
	010－52227566（24 小时读者服务）　010－52227588 转 305（质检部）		
网　　址	http：//www. cfpress. com. cn	**排　　版**	宝蕾元
经　　销	新华书店	**印　　刷**	宝蕾元仁浩（天津）印刷有限公司
书　　号	ISBN 978－7－5047－7699－0/F·3446		
开　　本	710mm×1000mm　1/16	**版　　次**	2022 年 9 月第 1 版
印　　张	11.75	**印　　次**	2022 年 9 月第 1 次印刷
字　　数	169 千字	**定　　价**	48.00 元

　　本书系江苏高校哲学社会科学研究项目"基于西方哲学践行理论的高校辅导员工作方法论研究"（2020SJB1153）阶段性研究成果。

前　言

一转眼，从事职业培训已经有十年时间了，在工作中笔者发现，很多企业每年邀请讲师进行培训的课程基本相似，内容通常包括目标和计划、沟通技巧、管理技能等。虽然这些课程一直都是被广泛需要的，但是不一定真的有效。

笔者认为，经营决策类的课程对象是高层管理者，他们做出的决策对企业发展、市场环境、员工个人等各个层面都会产生重要的影响，这些决策是复杂的、多变的，需要长时间、跨部门的团队来应对。然而笔者某次在一家企业讲课时，这家企业却只安排中层管理者来听这门课程，他们大部分人可能只管理十个人，或者几个人。这种情况在此后的培训中屡见不鲜。

究其深层原因，是管理决策类培训课程缺失，导致不少企业用经营决策类课程代替管理决策类课程。这和实际需求不符，讲师的课堂效果可能不错，但实际收效甚微。

大部分管理者，无论位居基层、中层还是高层，工作的重心其实是做出决定，而不是做出复杂、具有挑战性的决策。而在激烈的市场竞争中，人们做决定的时间非常有限。很多管理者往往是基于本能，或是根据以往的经验做出决定，速度足够快，但效果未必好；还有的管理者做决定时深思熟虑，反复推敲，但忽视了效率，甚至耽误了时机。

很多咨询机构为企业提供服务，通过细致的工作来分析判断，帮助企业管理者做出决定，这样效果虽然不错，但是企业管理者的水平并未因此提升，最终未能从根本上帮助企业提高管理水平。

基于以上的情况，笔者决定推出一门提高管理者做出有效决定能力的课程。这个课程不被行业特点所束缚，能让每个层级的管理者的管理水平在不同层面得到提升，从更广泛、更深远的层面提高企业的管理水平。

于是，笔者开始阅读一些书籍，做一些研究，却一直没有太大进展，因为这样的工作很容易被带进问题分析与解决领域，或者是被一些管理工具给带走思路。管理工具往往在解决具体问题时表现出色，但是并不能让管理者有更高层面的认识，而听过相关课程的管理者，往往执着于使用某一个管理工具来解决所有问题。

笔者也尝试用一些管理学的书或者管理的课程来讲解，却发现，因为管理思想来自西方，很多时候很难迅速被学员理解，长期熟练应用就变得更加困难。

直到有一天，笔者看到一档电视节目，一名语文老师提出了一个问题，为什么人们要学习语文、学习古诗，比如"飞流直下三千尺，疑是银河落九天"，这句古诗到底告诉人们什么呢？其实，这个学习过程提高了学生的想象力。这使笔者茅塞顿开，这种想象力对于企业战略的制定非常重要。

在一次内部会议中，弘康人寿保险股份有限公司总经理周宇航先生说出一个观点，目标设定其实是一个因式分解的过程。这让笔者感到管理可以通过数学来表达。

此外，文化环境的差异会导致人们行为方式和价值观的差异。由此，企业中不同文化背景的员工势必会存在行为方式和价值观的差异。笔者认为，要深刻理解对方的文化和价值观，不仅仅是有同理心那么简单。在管理时要从对方角度出发，用对方熟悉的语言来表达观点，恰如在学习外语时要深刻理解外国人说话的语境和语法。

因此，笔者开始引入学科思维的逻辑，并开始思考，这些中国乃至世界各国一直要求学生学习并纳入考试范畴的科目，比如语文、数学、外语、物理、化学、历史、地理、政治、生物，对人们的生活和工作是否有着之前没有想过的影响？

可能有人认为，很多知识看起来学了，其实用处不大。比如大学生学了高等数学，生活中大部分使用的却是简单加减乘除，过了英语四级常用的却只有几个简单的句子，看外国电影也基本都是看中文字幕，学了那么多古代诗句，看到雄壮威武的表演后，也只会蹦出几个字，如好看。

那么，为什么全世界对于这些基础的学科都非常重视，人们在很小的年纪就开始学习它们呢？

笔者认为，很多看似自然的事情背后，往往有着重要的规律。比如，大部分人喜欢避风朝阳的居住环境，所以，房产商自然就会宣传房子的朝向；有一些单位员工的上班时间集中在某个时间段，其实是和管理者的时间认知以及单位规章制度有着密切的关系，但这种联系会影响单位楼下饭店的生意。

当重新用这些学科思维进行思考的时候，笔者发现它们深刻地影响着人们的生活和工作。比如，语文锻炼了人们的表达能力和想象力；数学锻炼了人们的逻辑能力和分析能力；外语则让人们理解对方的文化环境，并学会用对方认同的语言表达；物理则告诉人们世界需要平衡；化学则是讲述新事物变化；历史锻炼了人们总结经验和独立思考的能力；地理锻炼了人们对比分析的思维方式；政治锻炼了人们全面联系的思考方式。

这些在企业的经营中能起到重要的作用。或许人们以前是无意识地做出决定，这些决定本身往往受到当事人学习的习惯和学习较好的学科的影响。这种影响可能比人们认知中更深远、更有力。

笔者有了一个新的想法，就是用学科的思维来分析和判断需要处理的问题，从而有效做出管理决定。

相比很多管理方法和管理理论而言，只要学过这些课程的人都能迅速通过这些学科的特点理解、掌握学科管理思维。

笔者认为，这就是自己一直想打造的管理培训的课程，因此决定以书籍的形式更好地将这一管理思维呈现出来。

在课程的分析和本书的撰写过程中，笔者得到了妻子刘亚翠女士的全力支持。她以专业的哲学观点，搭建了本书的结构，并针对很多章节进行了细心修改，正是因为她的鼎力相助，本书才得以顺利"诞生"。

本书是一部致力于帮助读者锻炼学科思维能力，并将其运用到管理工作中，提高工作效率的书，也是笔者十多年来职业培训及管理工作的总结。本书有五个部分。第一部分是传统管理、现代管理与学科思维管理。第二部分是通过语文、数学、外语思维讲述项目管理的底层逻辑。第三部分是通过物理和历史思维讲述判断项目归属的分类法。第四部分是通过化学、生物、地理和政治思维讲述有力的思维方法论。第五部分是思维的实践：从关键词到解决方法。

本书的成型过程中，笔者借鉴了以下书籍：《西方管理思想史》《六顶思考帽》《管理学》《战略管理》《世界管理大师》《麦肯锡思维与工作法》等。

本书如果能给从事管理工作的人带来一些帮助，笔者就倍感欣慰了。

在此，对素未谋面的黎建球先生、周宇航先生以及电视里讲解古诗的先生表示感谢，因为你们的发言和论述，笔者才有了本书的灵感。

杨　森

于南京金陵图书馆

目　录

第一部分
传统管理、现代管理
与学科思维管理

第一章　传统管理与现代管理

一、打破对传统管理的刻板印象

有人将现代管理出现之前，即 18 世纪中后期至 20 世纪初这一百多年间，西方企业所采取的一系列管理方式称为传统管理；也有人将封建的、人治的经验式的管理称为传统管理。

在一般的语境下，传统管理与现代管理经常相对出现。如果说现代管理意味着科学、系统、客观、可复制执行；那么传统管理就意味着武断、主观、缺乏包容、人事不分。

人们动辄将"管理""传统管理""现代管理"这些词挂在嘴边，写进报告里，却很少有人细究这些词的内涵与区别，许多人只用一种笼统的方式看待它们。

这种方式不利于厘清对管理的认识，更不利于说清现代管理等管理方式的特殊与可贵之处。

是时候打破传统管理的刻板印象了！

1. 传统管理

传统管理与现代管理相对，可以分为西式传统管理、中式传统管理和本能传统管理。

（1）西式传统管理。

西式传统管理又被称为"传统管理阶段""因袭管理"，是 18 世纪中后期工厂制度出现到 19 世纪末 20 世纪初自由资本主义时代结束的一百余间年，西方各国企业所采用的一系列管理方式方法、制度等的泛指和统称。这个时期是西方近代企业管理由旧的封建手工业工场管理方式中脱胎出来，并缓慢发展的时期。西式传统管理的基本特点是采用封建"人治"与经验式的管理。其经典的古典理论包括泰勒的科学管理理论、法约尔的一般管理理论、韦伯的行政组织理论等。

西式传统管理特征包括以下几点，如图 1-1 所示。

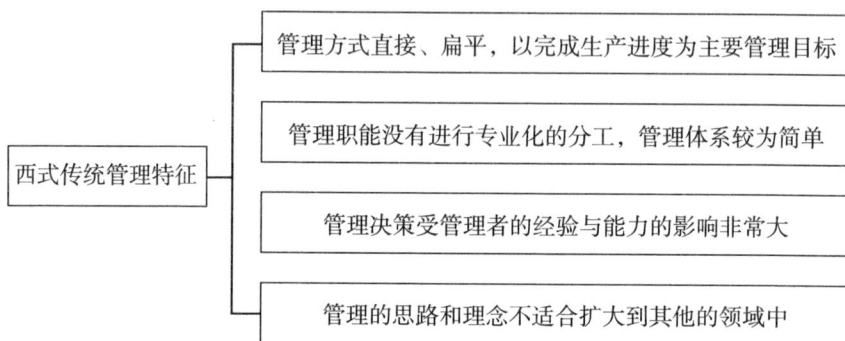

```
                    ┌─ 管理方式直接、扁平，以完成生产进度为主要管理目标
                    │
                    ├─ 管理职能没有进行专业化的分工，管理体系较为简单
西式传统管理特征 ──┤
                    ├─ 管理决策受管理者的经验与能力的影响非常大
                    │
                    └─ 管理的思路和理念不适合扩大到其他的领域中
```

图 1-1　西式传统管理特征

①一般管理者即企业主，管理方式直接、扁平，以完成生产进度为主要管理目标。管理者直接对生产者进行管理，双方有时为了各自的利益会呈现对立的状态。

②管理职能没有进行专业化的分工，管理体系较为简单，一般不设专门的管理机构。

③管理决策多由管理者主导做出，受管理者的经验与能力的影响非常大。管理决策具有很强的主观性和随机性，缺乏科学性和规范性。

④管理的思路和理念有很强的针对性，一般只适用于本领域、本行业，不适合直接复制应用到其他的领域。

（2）中式传统管理。

中式的传统管理脱胎于中国传统思想，有非常浓重的人本位思想，将人作为核心要点和管理的重点。

《礼记·大学》中说："古之欲明明德于天下者，先治其国；欲治其国者，先齐其家；欲齐其家者，先修其身；欲修其身者，先正其心；欲正其心者，先诚其意；欲诚其意者，先致其知，致知在格物。物格而后知至，知至而后意诚，意诚而后心正，心正而后身修，身修而后家齐，家齐而后国治，国治而后天下平。"

至此，在管理中，需要完成"格物""致知""诚意""正心""修身""齐家""治国""平天下"这八步。

在这八步中，前五步指向自身，是"修己"的功夫；后三步指向他人，是"安人"的本领。中式传统管理步骤如图1-2所示。

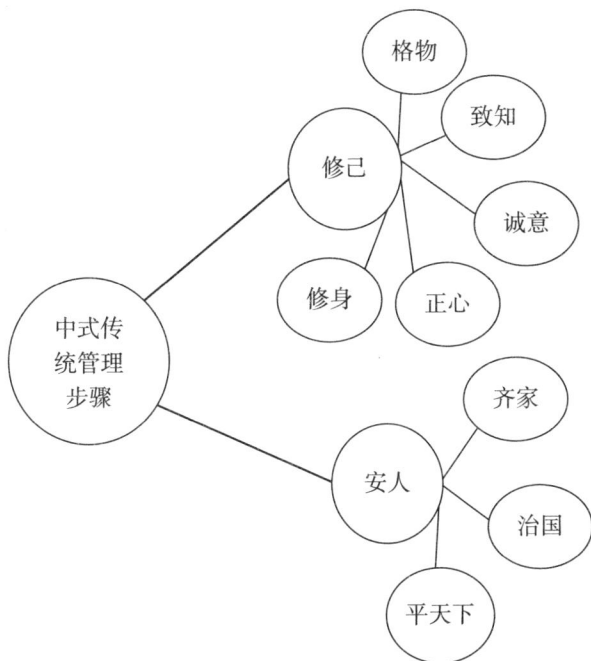

图1-2　中式传统管理步骤

在中式传统管理观念中，做好管理首要的是做好自己，由此才能"以德服人"，管理好别人。中式传统管理更倾向于将管理作为一个不断变动的过程，而不是独立不变的实体。在管理中，团队中的人、事、地点、物都是不断变化的。

（3）本能传统管理。

事实上，人们很少真正有目的地训练自己的管理思维，都是按照自己的本能来进行实际的管理。这些本能的管理方式，可以看成一种传统管理。

例如，在意排序的人，往往有着清晰的逻辑思维；喜欢朋友支持的人，特别在意关系的维护。

这些本能为工作发挥积极作用之后，也可能导致思考方式的单一化。

思考方式单一化、只解决某一个问题，缺乏总体思维，会导致人们学习了什么，就运用什么。例如，学习了头脑风暴，就想要通过头脑风暴解决所有问题；学习了人机料法环，于是遇到问题只考虑人机料法环；学习了鱼骨图，于是所有的分析都借助鱼骨图。

2. 传统管理的利与弊

不同文化背景下产出的传统管理各有利弊。

西式传统管理产生于资本主义发展时期求效率的大背景下，目标指向性极强，执行力也很高。对于那些小规模的加工制造业来说，要想保证按时完成生产任务，可以从西式传统管理中吸收借鉴经验。

然而西式传统管理对生产者的关怀较少，受管理者的影响非常大，一些能力不足的管理者容易将组织带进"死胡同"中走不出来，不适用于大规模的现代新型企业。这是西式传统管理的主要问题所在。当一个小微企业想要求突破、谋发展时，就不能盲目地借鉴这种管理方式，而要从其他的管理方式中寻找答案。

中式传统管理非常注重管理中的"人"本身，变通性和包容性都很强，制定的制度也很有弹性，主要依靠企业文化来约束员工，员工身居其中，能体味到很浓的"人情味"。这种管理方式非常有利于公司中企业文化的形成。对于一些注重创新和创造的文化企业，中式传统管理非常有利于激发员工的创造性，保护员工的原创力。

然而，这样的管理方式不太适合那些要效率、要产量的大企业，这些企业往往不需要太多的"人情味"，甚至将"人情味"过重视为一种负担。这些企业希望员工是理性且具有高执行力的，希望身处组织中的员工不会因领导的态度影响手头的工作。

3. 传统管理并不过时

很多人将传统管理看作过时的管理方式，认为传统管理是老式的、迂腐的、主观的。其实不然，在讨论传统管理时，要看到传统管理实用且极具智慧的一面，以及企业想要通过管理达成的目标。

如果企业想要通过管理达成的目标，正好是传统管理的强项，那么，不妨抛弃偏见，大胆地使用传统管理。例如，一个处于起步阶段的小微加工企业，管理的主要目的在于团结企业内的所有员工，加快产品的生产效率。因此，相比盲目引入现代管理，使用"西式传统管理＋中式传统管理"的方式反而更能凝聚团队的力量，提高生产效率。

传统管理并不会过时，这不是一个凭空想象的论断，也不是对传统管理方式的盲目信任，而是对传统管理方式所包含的内核的信任。

西式传统管理的内核是提高生产效率，获得更多的利润；中式传统管理的内核是"以人为本"。这样的管理理念，虽然各有利弊，但永远不会过时，甚至其中不少益处还是许多现代管理所欠缺的，值得吸纳和借鉴。

4. 如何妥善利用传统管理

传统企业可以根据企业的特点，就某一个问题进行长期训练，形成固有的方法，从而提高工作效率。

比如，生产类企业强调精益生产，互联网企业则重视市场下沉，金融企业对于利润的关注超过很多其他企业……这些都是管理思想。企业本身是由很多部门组成的，有很多工作内容。在现有这些管理思想之外，是否有其他手段可以提高工作效率？

无论是中式传统管理，还是西式传统管理，或是依靠本能的传统管理，往往有着思考方式单一化、不能因事因地制宜的缺点，只解决某一个或某一类问题，缺乏总体思维。在大多数情况下，综合采用多种思维才能解决问题，或者说将问题解决得更好。

二、现代管理

1. 现代企业面临的管理困境

随着我国市场经济的不断发展，各式各样的企业不断出现、发展和壮大，在企业的发展过程中，各种问题也不断困扰着企业的管理者，其中，管理问题成了管理者面临的首要问题。现代企业面临的管理困境如图1-3所示。

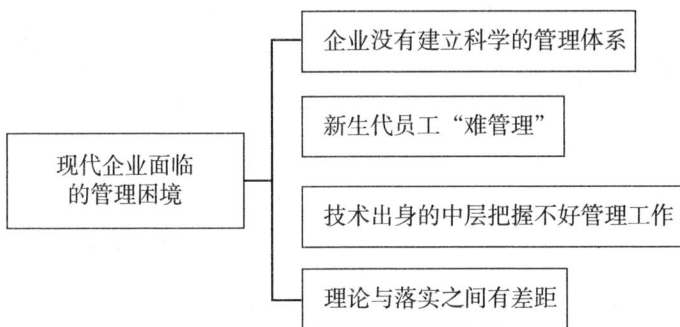

图1-3　现代企业面临的管理困境

（1）企业没有建立科学的管理体系。

很多管理者都是"草根"出身，凭借一身"武艺"，为自己的企业闯出一条路来。很多管理者或者企业家甚至认为管理能力是一种天赋。

一些企业虽然也引入了部分现代管理的理念，例如计划、控制、组织、领导、绩效、项目等，但由于没有建立一个科学的管理体系，在实际工作中，今天用这样的管理理念管理企业，明天又引入那样的管理理念管理企业，管理没有章法，不成体系，最后还是靠管理者的个人经验和能力管理企业。

这类管理者认为管理中包含的不可控因素多，受管理者个人的能力影响太大，现代管理的作用并没有那么大，他们对现代管理持观望态度，看到别人用得好就用，看到别人用得不好就不用。

其实不然，只要多花一些时间在管理上，就会发现，管理其实是一门非常值得学习和探究的学问。只有建立科学的现代管理体系，才能带领企业步入发展更加快速和安全的轨道中。

（2）新生代员工"难管理"。

管理主要面向的是企业的员工，如今，员工的情况与十年前、五年前大不相同，甚至可以说已经发生了天翻地覆的变化。

现在的员工，大多数是独生子女。他们从小就在相对优越的条件下长大，这使他们在实际工作中更加追求自由、个性、价值等。他们没有那么看重工作，不那么害怕失去一份工作。传统的那种上级对下级的命令式管理对他们来说已经不管用了，当工作不顺心、对工作环境不满意时，这些新生代员工很有可能会选择跳槽，而不是隐忍。

这使得新生代员工的管理成了企业面临的新问题。如何将这些员工凝聚在一起，向一个共同的目标努力，成了企业管理者需要思考的问题。

在激烈的市场竞争中，能否用好这些新生代的员工往往意味着企业是否具备着竞争的优势。对于管理者来说，管理员工意味着要考虑员工个体的差别，运用管理技巧，从实践中总结管理思路，从而解决问题。

（3）技术出身的中层把握不好管理工作。

在我国，很多企业会将一线技术骨干提拔作为中层管理人员。作为技术骨干时，他们能力一流，技术精湛，深受上级的赏识，同事也非常认可他们的工作。但当其上升到管理层，从事管理工作时，却会出现问题，下级不服从其管理，上级对其工作也不太满意。

为什么会出现这种情况？因为"干技术活"和管理是两种工作思路，"干技术活"时，员工面对的是实际的工作内容，只要把活干好就行，考验的是个人对业务的把控力；但管理时，管理者面对的是员工，考验的是布局、思路、格局、规划等能力以及对未来的把控力。很多新上岗的中层管理人员分不清这两种工作思路，认为自己只要把活干好，其他方面自然会跟上的，还在用之前的个人业务思路来管理团队。

企业的中层管理人员，是非常关键的角色，在企业中起承上启下的作用。向上要能正确领会高层的决策，向下要让自己的下属准确地执行制订好的方案，同时自己要及时反思总结工作经验、制订工作计划等。这三方面的工作缺一不可，只有把这三方面的工作做到位了，才算一个成功的中层管理者。

（4）理论与落实之间有差距。

许多企业的管理者学习了很多管理理论，把握了新潮的管理思想，在准备大干一场的时候，却发现这些理论落实起来有一定的难度。在这里，要厘清一个概念，即掌握理论不等于掌握思维，掌握思维也不等于能够落实。

有些人错把理论当作思维，认为自己掌握了管理理论就等于拥有了管理思维，可以在实际管理工作中所向披靡，这种想法是错误的。

"理论"在这里一般指他人的观点想法，只有自己弄清楚、想明白、会操作才能内化为自己的"思维"，而"思维"是停留在认识阶段的，想要成为现实，还要依靠强大的执行力进行"落实"。这三者依次推进，一个比一个更靠近现实。

学习和掌握他人的理论是第一步，加上自己的经验和观点内化成自己的思维是第二步，提出具体的做法落实想法是第三步。每一步都很难，但每一步都拉开了企业管理的差距。

这也是为什么在现如今这个互联网信息高度发达的社会，人们能够获得的管理理论是同步的，但实际的管理效果千差万别。

2. 现代管理的十一大学派

现代管理到底是什么呢？

1980 年，美国管理学家哈罗德·孔茨发表了《再论管理理论的丛林》，这是对其此前发表的《管理理论的丛林》一文的发展和修正。在这篇文章中，他指出管理流派已经从原先的六个学派发展成了十一个学派，分别是管理过程学派、人际关系学派、群体行为学派、经验学派、社会协作系统学派、社会技术系统学派、系统学派、决策理论学派、管理科学学派、权变理论学派、经理角色学派。现代管理的十一大学派如图 1－4 所示。

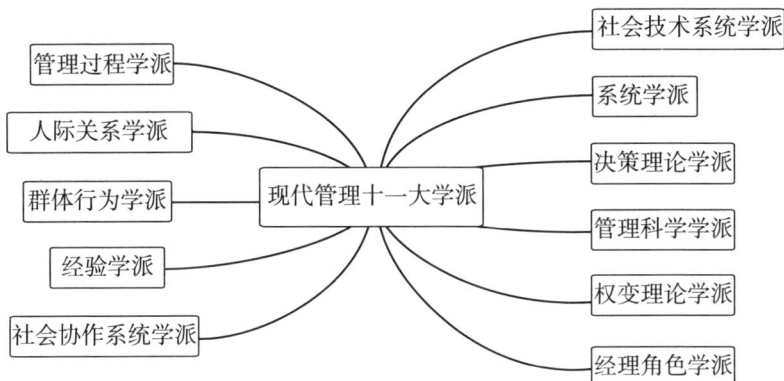

图 1－4　现代管理的十一大学派

（1）管理过程学派。

管理过程学派又叫管理职能学派或经营管理学派，其创始人是法约尔，代表人物包括哈罗德·孔茨、亚历山大·汉密尔顿·丘奇、詹姆斯·穆尼等。这个学派的历史是当代管理学派中最久的，影响是最大的。管理过程学派注重管理工作的实务，认为管理人员的工作职能包括计划、组织、用人、领导和控制（见图 1－5），并对管理的职能进行一定的研究。

图 1-5 管理人员的工作职能

管理过程学派的主要观点包括以下七点。

第一，管理是由不同管理职能组成的一个循环的过程。

第二，可以从管理经验中总结出一些基本的、相通的管理原理，这些管理原理能够对之后的管理工作起到改进、说明、启示等作用。

第三，可以对这些管理经验开展研究，以确定其实际作用，增大其实际作用和适用性。

第四，在这些原理被证伪前，可以构成管理理论的有用要素。

第五，同医学和工程学等学科一样，管理是一项可以依靠原理的启发而改进的工作。

第六，管理学中的基本原理同生物学和物理学的原理一样是可靠的。

第七，管理学可以从别的学科中吸收知识，但是独立于这些学科的，并不是这些学科的杂烩。

（2）人际关系学派。

人际关系学派兴起于20世纪20年代，这一学派的学者大多有心理学的背景，非常看重管理中"人"的因素，认为管理是要通过别人或者和别人一起去完成工作，对管理学的研究就要围绕着人际关系这个中心来展开。这个学派的代表理论有马斯洛的人类需求层次论，梅奥和罗特利斯伯格的早期人际关系理论，赫茨伯格的双因素激励理论，麦格雷戈提出的Y理论和阿吉里斯的"不成熟—成熟"理论，库尔特·勒温的群体动力理论、"场论"与"守门人"理论等。

（3）群体行为学派。

群体行为学派同人际关系学派的关系很密切，但它更关注的是群体中的人的行为，而后者更关心的是人际关系。其基础是社会学、社会心理学、人类学等，着重研究各种群体的行为方式，包括小群体、大群体等的文化和行为特点。因此其也被称为"组织行为学"，最早的研究活动是霍桑实验，主要代表人物有梅奥、勒温、阿吉里斯等，主要代表作有阿吉里斯的《个人与组织：互相协调的几个问题》等。

（4）经验学派。

经验学派又称案例学派，代表人物有德鲁克、戴尔、纽曼、斯隆等。他们认为，应该从企业管理的实际出发，对案例进行分析从而研究管理，研究各种各样失败或者成功的案例，能够帮助管理者理解管理问题从而进行有效管理。

其主要观点包含以下几点。

第一，企业的管理者的工作任务主要包括两方面，一方面是有效调动企业中的各种资源，形成一个"生产的统一体"；另一方面是管理者在做每一项决策时，都要协调眼前的利益与长远的利益。

第二，当今组织的管理结构可以分为集权的职能性结构、分权的联邦制结构、矩阵结构、模拟性分散管理结构、系统结构这五种，各类组织要结合本组织的特点来确定管理结构。

第三，科学管理和行为科学理论并不能完全适合企业的管理需要，但经验学派可以将二者结合起来。

第四，实行目标管理。

（5）社会协作系统学派。

社会协作系统学派创始人是切斯特·巴纳德，主要代表作有巴纳德的《经理人员的职能》。社会协作系统学派认为组织是一个复杂的社会系统，将社会学的认识引入管理实践中，主张用社会学的方法对管理问题加以研究。

其主要观点包括以下几点。

第一，组织由个人构成，个人只有在一定的社会关系下同他人协作才能发挥作用。

第二，组织中包含了三大要素，一是能够进行信息交流的人，二是这些人能够做出贡献，三是这些人有一个共同的目的。

第三，管理者是组织相互联系的中心，主要的职能是搭建信息交流的体系，提出和制定目标，促进个人的努力，协调信息的交流等。

（6）社会技术系统学派。

社会技术系统学派的创始人是特里斯特及其在英国塔维斯托克研究所中的同事，主要代表作有《长壁采煤法的某些社会学和心理学的意义》《社会技术系统的特性》等。他们通过对英国煤矿中的采煤法进行研究后发现，要想解决管理方面的问题，只分析社会协作系统是不够的，还要对技术系统进行研究，分析其对社会及个人的影响。管理者要将社会协作系统和技术系统综合起来进行考虑，首要任务是确保这两个系统的相互协调。

（7）系统学派。

系统学派的代表人物有卡斯特、罗森茨威克等，代表作有《组织与管理：系统方法与权变方法》等。这个学派主张运用系统的原理和方法来分析和研究管理问题，侧重于考察组织的基本职能。该学派认为企业是由人、物、机器等资源在共同目标下组成的一体化的系统，在这个系统中，任何一个子系统的变化都会影响其他的子系统。系统学派的管理主张为很多管理学家所接受，他们认为系统方法是形成、理解和表达管理思想非常有效的方法。

（8）决策理论学派。

决策理论学派是以社会系统论为基础，在吸收系统论和行为科学观点的基础上，运用计算机技术和统筹学方法的一种管理学派。该学派兴起于第二次世界大战结束之后。随着现代生产和科学技术的高度结合，企业的规模越来越大，一些企业的管理范围甚至超过了国界，管理变得非常复杂。决策理论学派正是在这样的背景下产生的。

其主要观点包括以下几点。

第一，管理即决策，管理者的主要职能就是做决策，作业、组织、领导、控制等都离不开决策。

第二，决策包括收集情况阶段、拟订计划阶段、选定计划阶段、评价计划阶段这四个阶段。每个阶段本身就是一个复杂的决策过程。

第三，用"管理人"的假设替代"理性人"的假设，用"令人满意"的准则代替"最优化"的准则。不考虑复杂的可能情况，只考虑与问题有关的情况。

第四，组织的决策可以分为程序化决策和非程序化决策，一般的经常性的活动应该采取程序化决策以减少成本，只有特殊的非经常性的活动，才需要使用非程序化决策。

（9）管理科学学派。

管理科学学派又称数学学派，该学派将数学引入管理中。管理科学学派成立于1939年，代表人物有布莱克特、埃尔伍德·斯潘赛·伯法、霍勒斯卡·文森、希尔等，主要成员是一些知名的运筹学家和运筹分析学家。他们主张管理、组织、计划、决策等都是一个逻辑过程，可以用数学符号和运算关系将其建成数学模型和程序系统。

其主要观点有以下几点。

第一，组织是由"经济人"组成的追求经济利益最大化的系统，这个系统同时又是由物质技术和决策网络共同组成的。

第二，解决问题的基本步骤：提出问题、建立相应的数学模型、得出方案、对方案进行验证、优化方案、实施方案。

第三，在管理中，应用的数学模型多种多样。有描述性的，如盈亏平衡模型、排队论等；有规范性的，如决策理论模型、线性规划模型、网络模型、库存模型等。有多种确定性变量的，如盈亏平衡模型、线性规划模型、库存模型等；有涉及各种随机变量的，如排队模型、决策理论模型、网络模型等。

第四，管理科学中应用计算机这种先进的工具。

（10）权变理论学派。

权变理论学派是在经营管理学派基础上发展的管理学派，其代表人物有弗雷德·卢桑斯、菲德勒等人。这一学派主张管理者的实际工作由实际环境所决定，因此，该学派认为没有什么是一成不变的、最好的管理方法，管理方式和方法受环境、管理思想、管理技术等的影响，需要从多方合力中找到一个最适合的管理方法。

这一学派比较有影响力的理论包括领导行为连续带模式、有效领导的权变模式、路径—目标模式、领导—参与模型、不成熟—成熟理论、领导生命周期理论等。权变理论学派主要理论如图1-6所示。

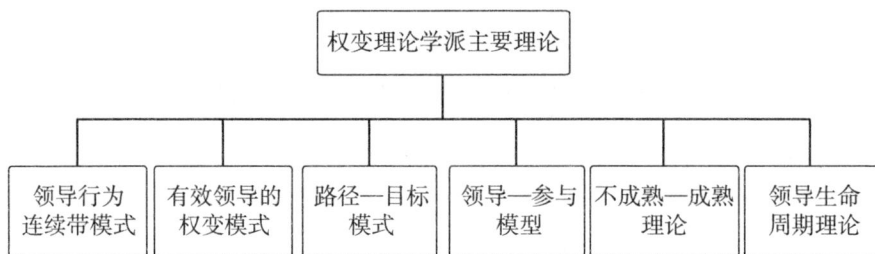

图1-6 权变理论学派主要理论

（11）经理角色学派。

经理角色学派的主要代表人物为明茨伯格，这个学派主张以经理的角色为中心，分析和考察经理的职务和工作，从而提高工作效率。

该学派认为，经理的角色有十种，分别是挂名首脑的角色、联络者的角色、领导者的角色、监听者的角色、传播者的角色、发言人的角色、企业家的角色、故障排除者的角色、资源分配者的角色和谈判者的角色。

而这十种角色，又可以分为三大类，即人际关系方面的角色，包括挂名首脑的角色（作为一个组织的代表执行礼仪和社会方面的职责）、联络者的角色（主要是同外界联系）和领导者的角色；信息方面的角色，包括监听者的角色、传播者的角色（向下级传达信息）和发言人的角色（向组织外部传递信息）；决策方面的角色，包括企业家的角色、故障排除者的角色、资源分配者的角色和谈判者的角色（与各种人和组织打交道）。经理的角色如图 1 – 7 所示。

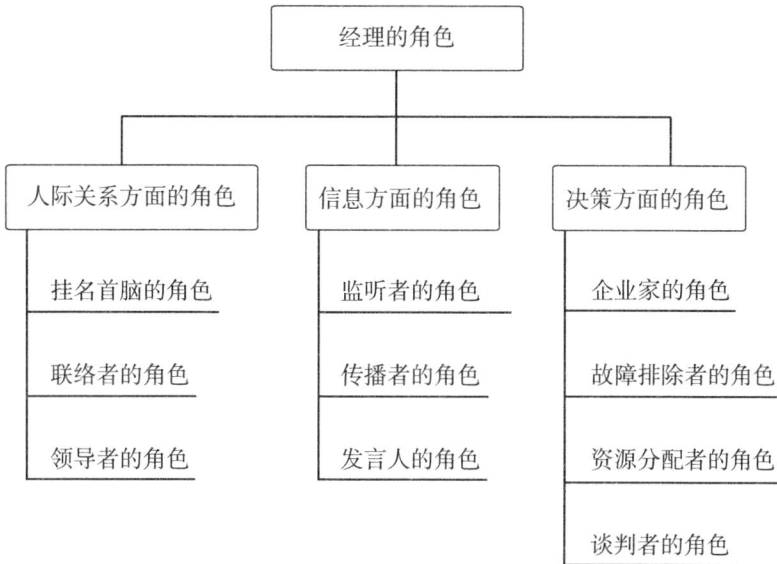

```
                    ┌──────────────┐
                    │  经理的角色   │
                    └──────────────┘
            ┌──────────────┼──────────────┐
    ┌─────────────┐ ┌─────────────┐ ┌─────────────┐
    │人际关系方面的角色│ │信息方面的角色 │ │决策方面的角色 │
    └─────────────┘ └─────────────┘ └─────────────┘

    挂名首脑的角色      监听者的角色      企业家的角色

    联络者的角色        传播者的角色      故障排除者的角色

    领导者的角色        发言人的角色      资源分配者的角色

                                      谈判者的角色
```

图 1 – 7　经理的角色

3. 当代管理理论的新发展

20 世纪 80 年代以后，随着全球经济的进一步发展，各种新形态企业陆续出现，使得管理理论在原来管理学派的基础上，又有了新的发展。

简单概括起来有以下几种理论：学习型组织理论、知识管理理论、合作竞争理论、企业再造理论、管理创新理论、人本管理理论、项目管理理论、集成管理理论等。当代管理理论如图 1 – 8 所示。

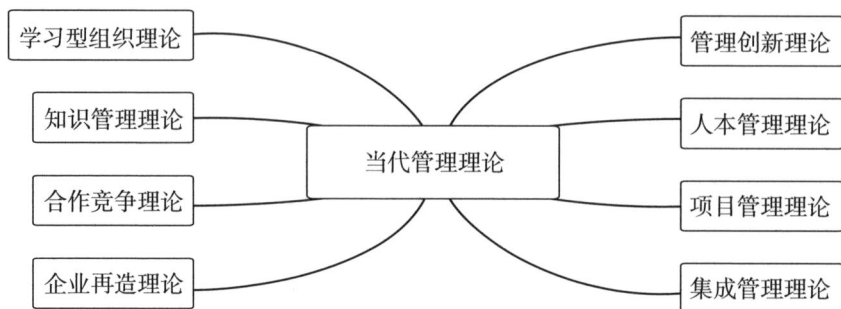

图1-8　当代管理理论

（1）学习型组织理论。

学习型组织理论是一种企业组织理论。学习型组织是一种有机的、高度柔性的、扁平化的、符合人性的、能持续发展的、具有持续学习能力的组织。成为学习型组织的途径有五种，即自我超越、改善心智模式、建立共同愿景、团体学习、系统思考（又称五项修炼），其中系统思考是核心。系统思考的基本方法和理论基础是系统动力学，但是系统思考更强调通过系统基模进行定性分析。因此学习型组织理论是系统动力学方法在组织管理领域的成功运用。①

（2）知识管理理论。

知识管理理论是在知识经济的背景下发展出的一种新的管理理论，它融合了现代信息技术、知识经济理论、企业管理思想和现代管理理念等知识。这里的知识指的是通过学习、交流、探索获得的知识，既可以是显性的知识，又可以是隐性的知识；既可以是组织的知识，又可以是个人的知识；既可以是原理知识、技能知识，又可以是事实知识、人际知识。

知识管理指的就是在企业中构建一个知识系统，让企业中的成员可以及时获得、创造、交流、存取、整合企业中的知识和资讯，而这些知

---

① 陆雄文.管理学大辞典［M］.上海：上海辞书出版社，2013.

识和资讯又不断回馈到企业中，从而形成一个循环的知识系统，成为企业的智慧资本，为企业的决策提供帮助。

知识管理理论主要遵循三大原则：首先是积累原则，其次是共享原则，最后是交流原则，如图1-9所示。知识积累是基础；知识共享则能让公司中的每一个员工都接触到相关的知识和信息；知识交流是核心，每个公司都应该建立一个知识交流的中心，推动知识交流的企业文化。

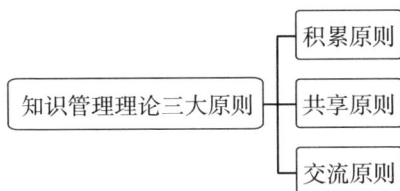

图1-9 知识管理理论三大原则

（3）合作竞争理论。

合作竞争理论是基于当前复杂的经营环境提出的，这种理论认为，企业之间的经营竞争活动是一种特殊的可以实现双赢的非零和博弈，即除了竞争，也有合作。这种理论为企业的发展和价值创造等提供了新的思路和方向，例如，相同行业的企业可以利用自身的优势，共同开拓市场，增强整个行业在市场中的影响力，先将"饼做大"，然后进行一定的竞争，从而获得更大的收益。

（4）企业再造理论。

企业再造理论是一种以再生的思想重新审视企业的管理理论，该理论对企业传统的分工理论提出了质疑，摒弃原有的工作方法和运营模式，重新设计企业的经营和管理的方式。由于该理论具有突破性，人们将其视为管理理论上的一次革命性的改变。

在具体实施中，该理论可以按照以下方式加以运用。

第一，对企业原有的流程进行梳理，并绘制出工作全流程的示意图，对流程进行全面分析，发现其中存在的问题。

第二，根据原有流程存在的问题，设计改进方案，并对新的方案进行评估。

第三，制订与改进方案配套的发展规划、人力资源规划、组织结构规划等，形成系统的企业再造方案。

第四，组织企业实施改造方案，并对其进行持续更新。

（5）管理创新理论。

管理创新理论指的是在一定的条件下，通过计划、组织、指挥、协调、控制、反馈等，将一系列有创造性的思想转变为有形的产品、服务等内容的管理理论。企业的创新管理，最终要的是企业的高层管理者对于一系列可能出现的阻力或者障碍有一定的认识，并能够有步骤地实施创新计划，使企业内的创新和变革得以实现。

（6）人本管理理论。

人本管理理论将员工作为企业中最重要的资源，以组织和员工的需求最大满足为切入点，运用培训、激励、领导等多种管理方式，充分调动组织中人的积极性，最终使得组织和人达到共同发展的双赢局面。

根据员工参与程度的不同，可以将人本管理理论分为四个阶段，即控制型参与管理、授权型参与管理、自主型参与管理、团队型参与管理，如图 1 - 10 所示。

控制型参与管理 —— 授权型参与管理 —— 自主型参与管理 —— 团队型参与管理

图 1 - 10　人本管理理论的四个阶段

（7）项目管理理论。

项目管理理论是以具体的项目为研究对象，将管理理念引入项目中，运用知识、技能、工具和方法等，极大地提高项目的进度和效率。项目管理一般包含整体管理、范围管理、时间管理、成本管理、质量管理、人力资源管理、沟通管理等。

项目管理理论的发展经历了三个阶段。第一个阶段是 20 世纪 50 年代，项目管理理论在实践中产生；第二个阶段是 20 世纪 50 年代至 20 世纪 80 年代，项目管理理论体系初步形成；第三个阶段是 20 世纪 80 年代至今，项目管理理论体系逐步完善，并细化发展出项目组织管理、项目时间管理、项目质量管理、项目成本控制等。

（8）集成管理理论。

集成管理理论是用集成的理念去指导企业管理，突出一体化的整合思想的管理理论。在集成管理理论中，各个元素不是独立存在的，而是能够相互渗透和吸收的有机体。即管理不仅提高了个人能力，还将许多原本看似独立的劳动整合起来，形成了一股新的力量。

集成管理理论中，管理对象的重点也发生了变化。在传统管理理论中，管理的对象主要是人、物、财产等看得见的资源；在集成管理理论中，管理的对象重点则变成了人才、信息、科学技术等的智力资源。

第二章 "九学科"管理思维

在上文提到的管理流派和思潮的影响下，笔者立足我国的实际，提出了"324"管理模式（即"九学科"管理思维），这是一种全新的管理模式，其底层逻辑为大家最熟悉的高考各学科的思维方式，旨在从这些思维方式中领悟管理方法。

一、考试是中国历来选拔人才的方式

为什么选择基于考试的思维方式提出管理模式？

因为考试是选拔人才的主要方式。考试科目的基础设计思路包含着深刻的逻辑基础，而这些逻辑基础，也是管理的底层逻辑基础。

1. 古代科举考试

科举制度在南北朝开始萌芽，隋朝正式形成。国家通过科举考试选拔人才，吸收了一大批有识之士，极大地促进了文化的繁荣和国家的发展。这种考试形式甚至深刻地影响了今天，直到现在，依然没有比考试更加公平的选拔人才的方式。

（1）科举考试的科目。

一些人对科举考试持消极态度，认为科举所考的八股文禁锢了读书人的思想，选拔的都是只会读书的"书呆子"。

其实不然，仔细了解科举考试后会发现，科举考试远比人们想象的要深刻和复杂，考试的科目也非常丰富。

各个时期的考试科目在不断地变化。

隋朝时期，隋文帝用科举制度代替九品中正制，后隋炀帝设进士科。当时秀才试方略、进士试时务策、明经试经术，形成了一套较为完整的分科选才制度，这标志着科举制度正式形成。

唐朝时期的考试科目较隋朝时期更多，主要分为常科和制科两类，常科是每年都会分期举行的考试；制科是皇帝下诏书临时举行的考试。不同时期设立的科目也不尽相同，前后共设立几十种科目。常设的科目有秀才、进士、明经、明法、明书、明算等（见图 2-1）。其中，最受士子青睐的是进士科，《唐摭言》中说道："缙绅虽位极人臣，不由进士者，终不为美。"

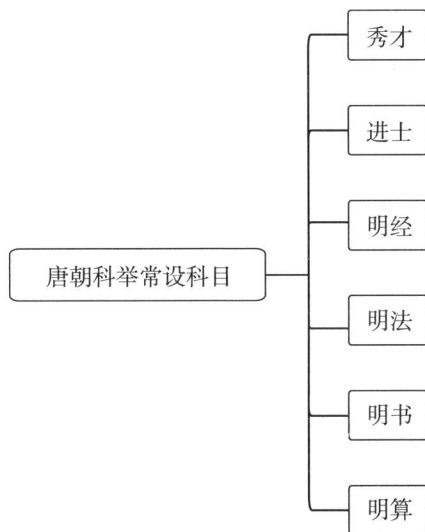

图 2-1 唐朝科举常设科目

此外，唐朝还产生了武举，《新唐书》中记载道："长安二年，始置武举。其制，有长垛、马射、步射、平射、筒射，又有马枪、翘关、负重、身材之选。"

宋朝王安石任参知政事后，变法将科举改为只设进士一科，取消诗赋、帖经、墨义，专以经义、策论取士。元、明、清时期的科举也只设进士一科。清袭明制，但也开过特制（特别科），如博学鸿词科、翻译科等。明清科举改为考八股文。

（2）科举考试的方法。

以唐朝的常科为例，常见的考试方法有帖经、墨义、策问、诗赋等，如图 2-2 所示。

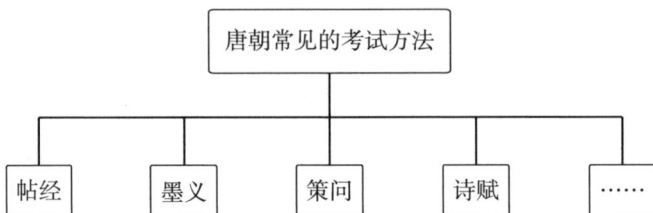

图 2-2　唐朝常见的考试方法

①帖经。帖经是科举考试中很常见的考试方法，即将经书中某行挡上三个字，要求考生根据上下文将这三个字默写出来。这和现在的填空题有些类似，主要考查考生的背诵记忆能力。

②墨义。墨义是围绕着经义和注释进行答题，其较为简单，只要熟读经文和注释就可以了。此后，还在其基础上增加了"口义"，即考官当众对考生进行口试。对于这些考试形式，文献资料中多有记载。

③策问。策问是提出对策的意思，一般是以皇帝的口吻提出问题，题目的范围包括当时的要事和计谋策略等，要求考生对现实中诸如教化、生产、人事、吏治等提出建议或者写出政论性的文章。它比帖经、墨义等更能体现考生的水平，是一种比较好的考试方法。

④诗赋。鉴于很多考生多背诵经义和旧策应付考试，不能反映考生真实的文学修养和文化水平，因此，会加试诗赋这一项。

可以看出，古代的科举考试种类多样、方式灵活、内容丰富，非常考验考生平时的积累、对社会的观察和自身的思辨能力。要想在这样的考试中脱颖而出，考生光靠死读书是做不到的，还需要有敏锐的洞察力、深刻的社会经历、好的文采以及严谨的逻辑思维。

此外，中举后的士子并不是直接就能做官，还需要经过一段时间的培训和学习。例如，明朝两京有官员培训学校，士子中举后如若外放为官，要先去相关学校接受培训。

2. 高考

高考一般来说指的是普通高等学校招生全国统一考试，是合格的高中毕业生或具有同等学力的考生参加的全国统一选拔性考试。招生分理工农医（含体育）和文史（含外语和艺术）两大类。考试科目涉及语文、数学、外语、物理、历史、化学、生物、地理、政治。

（1）我国高考的演变历程。

出于培养实际人才的需要和发展新教育的需要，科举考试制度被废除，我国的现代高考制度于 1905 年登上了历史舞台。

现代高考制度在成立之初就先天地具备了两方面的特征，一是科举制度形成的应试思维和价值观；二是西方考试制度的模式和手段。这两方面的先天基因决定了高考的基本走向。

1912 年至 1937 年，当时还没有统一的全国性的高考，都是由各大高校自主命题，考生可以报考多所大学。当时也是全国大学逐步开办和成长的时间，据统计，在 1936 年，全国已有 100 多所大学。由于高考是各高校自主命题，因此各校的试题各具特色。

1938 年，当时的教育部设立全国统一招生委员会，负责全国统一高考。

1952 年，建立起了全国统一普通高等学校招生制度。1977 年，恢复高考，并进行了恢复高考后的第一次考试。当时考试分为文史科和理工科，文史科考的科目是政治、语文、数学、史地（历史和地理），理工科考的科目是政治、语文、数学、理化（物理和化学），此外，报考外语专业的再加试外语。

1981 年，英语列入了考试科目。在理科中增加了生物这一学科。

至此，文6理7的基本模式形成，这个格局一直保持到1994年。

1983年，外语（包括英语、俄语、日语、德语、法语、西班牙语等，考生可自由选择）正式列入高考科目。以原始分计入总分。

1994年，高考进行制度改革，推出"3+2"模式，生物和地理学科被取消。"3"指的是语文、数学、英语，"2"指的是文科的政治、历史以及理科的物理、化学。

1999年，广东率先推行"3+X"改革方案，生物与地理学科重新被列入高考科目。"3"指的是语文、数学、英语，"X"则分别指文科综合（政治、历史、地理）和理科综合（物理、化学、生物）。这种方案应用的范围非常广，流行的时间非常长，成了几代考生的共同回忆。

2021年，广东、福建、湖南、江苏、湖北、重庆、河北、辽宁等地采用"3+1+2"的新高考模式。"3"指的是3门必考科目，即语文、数学、英语，"1"指的是1门首选科目，即从物理和历史中选择一门；"2"指的是再选科目，即从化学、生物、地理、政治中选择两门作为考试科目。

（2）高考"3+1+2"的设计思路。

高考科目从"3+X"变成"3+1+2"，不仅是高考形式的变化，也体现了人才选拔设计思路上的改变。要深刻理解这个变化背后的含义。

首先，语文、数学、英语依然作为基本学科，所有学生必须参加这三门考试。这说明三门学科背后代表着考生必须掌握的全面的基础知识。高考不是选拔专才，需要学生拥有基本的、共同的基础知识。

其次，将物理或历史科目作为首选科目，是因为这两门学科是大学阶段学习理工科或文史科以及其他交叉学科的重要基础。如果不选物理，大学理工科的学习将很难进行甚至无从下手；如果不选历史，大学文史学科同样如此。

最后，地理、化学、生物、政治四门课延伸了学生的发展方向，在某种意义上起到巩固的作用。学生能够根据自己的特长自由选择，丰富了以后选择专业的方向。

这一设计模式，使得考生在选择科目的时候，有十二种组合形式（见表2-1）可以选择。这种丰富的选择模式让考生可以有足够大的自由度。同时，物理和历史两个首选学科的确定，既体现了物理和历史学科的重要性，又避免了考生因物理难而弃考物理的现象。

表2-1　　　　　　　　　十二种组合形式

序号	组合内容	序号	组合内容
1	物理+化学+政治	7	历史+政治+化学
2	物理+化学+生物	8	历史+政治+生物
3	物理+化学+地理	9	历史+地理+化学
4	物理+生物+地理	10	历史+化学+生物
5	物理+生物+政治	11	历史+地理+政治
6	物理+地理+政治	12	历史+地理+生物

二、什么是"九学科"管理思维

这些年来，笔者一直在讲管理方法、管理模式。有些人听懂了，觉得笔者讲得真棒，听了简直醍醐灌顶；有些人听完觉得笔者讲得一般，甚至云里雾里，不知道笔者在讲什么。

课后，笔者也对课程进行了复盘和反思，收集了很多学员的反馈。后来笔者发现，其实内容都没问题，有问题的是，缺少一个大家都明白的载体和切入点。这也是学员听完反应天差地别的原因。

那天看到高考改革的新闻，笔者　下找到了大家都能明白的那个切入点。

对，就是高考。原因有以下几点。

1. 高考是几代人共同的记忆

据报道，2021年，高考报名人数1078万人，创历史新高，连续三年高考报名人数破千万人。高考成为不少人生命中的重要转折点。不少人从一上学开始，就不停地为高考而努力。

不管有没有参加过高考，只要接受过基本的九年义务教育，人们对这些学科都或多或少有些了解，可以这样说，高考的学科是中国人最为熟悉的科目。尤其是语文、数学、外语，人们从小学就开始学习，对于这几门学科的思维方式了然于胸。

而绝大多数走上管理岗位的"70后""80后""90后"，甚至"00后"，都经历过高考的洗礼，并且几乎都是当年高考的佼佼者，是当年"千军万马过独木桥"的胜出者。高考是几代人共同的记忆，学科的思维方式已经深深地融入了人们的血液里。

用高考学科的思维方式做管理，就像触发尘封已久但又灵敏无比的开关。人们非常容易接受并认可它。

2. 学科思维的特点

众所周知，要想学好一个学科，至少应拥有以下能力：观察能力、逻辑思维、归纳总结、对比思考等。这也说明，学习非常锻炼学习者的思维。

在学习中，人群中会呈现学科偏好分化。例如，心思细腻的人语感好，想象力丰富，表达能力很强，一般来说，其语文成绩可能比较好。而一些人很擅长逻辑思维，可能物理和数学能取得较好的成绩。这说明，每门学科都有自己的思维特点，高考正是通过这些学科的思维特点选拔人才。

那么，各个学科思维的特点都是什么呢？下面以"盲人摸象"在不同学科中的表述为例，来阐述各个学科思维之间的差别。

（1）语文思维。

对摸到的大象的部位，用自己熟悉的语言表达出来，并形成认识。

语文思维注重表达能力、组织能力、想象能力。

（2）数学思维。

要求所有参加摸象的人完成摸象的动作及步骤，用数字表述出来。

数学思维更看重的是模型的建立和逻辑推导以及数字分析的能力。

（3）英语思维。

对摸到的大象的部位，用别人熟悉的东西表达出来，同时会问自己，这样表达，对方是否理解，是否能形成清晰认识。

英语思维培养的是沟通能力、换位思考能力，以及同理心。

（4）物理思维。

把几个摸象的不同部位的人组织到一起来摸，各自再去摸其他人的。

物理思维的特点是强调组织结构能力和平衡思维，比较喜欢总结。

（5）历史思维。

总结过往人们摸象的经验，再根据总结出的经验，有针对性地去摸。

历史思维的特点是总结经验，考验向内思维以及独立思考能力。

（6）地理思维。

人们会重点感受，大象的前腿和后腿比起来，有什么一样的地方，有什么不一样的地方；对比其他动物的腿有什么一样的地方，有什么不一样的地方。

地理思维中对比思维占很大一部分，由此引申出责任划分思维、纠偏思维等。

（7）化学思维。

大象这个部位摸起来感觉怎样，能否改装变成新东西，比如"战象"。

化学思维侧重创新思维，经常会引入一些头脑风暴，想法天马行空。

（8）生物思维。

让所有参加摸象的人畅谈触摸到的部位和感受，并把大家的各种感觉、判断和意见集中起来，形成共识，并推导摸到的是什么动物，应该归属到哪一类。

生物思维对问题的分析和解决很有一套，并且喜欢用归纳的形式得出新知识。

（9）政治思维。

把摸过象的人组织在一起讨论，判断这个大象可能适合生活在什么地方（什么样的自然场景、人文场景适合它们生活），这些场景的变化对大象有无什么影响等。

政治思维偏向于顶层逻辑思维，即系统决策和顶层设计。

3. 学科思维与企业管理之间的关系

（1）学科思维与企业管理早就有了联系。

很多时候，自然而然产生的共识，往往背后有深刻的规律。比如今天的铁轨和若干年前马车的宽度一致，而马车的宽度则取决于当年拉车的两匹马的屁股的宽度。

而学科思维与企业管理之间，早就有了深刻的联系。例如，可以从语文思维提取中"冠军思维"的企业管理思维；从数学思维中找到与"因式分解"强相关的目标分解的企业管理思维；从物理思维中联想到5W2H 分析①、SWOT 分析（态势分析法）；从生物思维中分析出二八法则等。

可以说，企业管理中处处体现着学科思维，而只要留心观察和分析，就能从学科思维中参透企业管理的奥秘。

（2）用学科思维学管理，一点儿也不难。

有人认为企业管理难，其实这一点儿也不难，把握好学科思维即可。

还有人认为，高中学科都是很久之前学过的，早就还给老师了。用

---

① 发明者用五个以 W 开头的英语单词（What、Why、Who、When、Where）和两个以 H 开头的英语单词、词组（How、How much）进行设问，发现解决问题的线索，寻找发明思路、进行设计构思，从而做出新的发明项目的方法。

学科思维学企业管理，还要再学习一遍高中学科，那可真是难上加难。

其实用学科思维学管理没有想象中那么难。

有这样一个有趣的现象，在高中学习期间，人们往往对各种化学公式、物理公式、数学公式了如指掌，等到考试结束了，很快就记不清了，等到工作几年之后，再看高中的数学、物理和化学课本，竟然有看"天书"的感觉。

虽然如此，但要想从这些学科中找到工作方法，也是非常轻松的，因为经过这么多年的积累，人们对基本学科有了自己的认识，这些认识早就深深地刻在思维方式中，伴随终身。

因此，用学科思维学管理至少有以下几个优点。

首先，学科思维依然是人们思维的底层逻辑思维，相较于其他思维，它更便于理解，人们只需要唤醒和提炼思维深处的学科思维即可；且在具体执行的时刻，可以"因地制宜"。

其次，学科思维科学严密，用学科思维思考问题，可以有效提高思维效率。

最后，学科思维非常具体且易于把握，通过角色的设计和安排，可以让人们更清晰迅速把握企业管理的要点。

4. "324"分别代表了什么

"九学科"管理思维中的"九"，是由"3+2+4"组成的，又称"324"管理模式。那么，"324"管理模式中的"324"分别代表了什么？"324"管理模式如图2-3所示。

"3"指的是语文、数学、外语这三门必选学科，这些科目代表着表达、想象力、逻辑思维、同理心这些作为工作基础的思维和能力，是项目管理的底层逻辑。

"2"指的是物理和历史这两门首选科目，在管理工作中，这些科目思维具有着平衡思维、总结经验、迭代为中转站等作用，是判断项目归属的分类法。

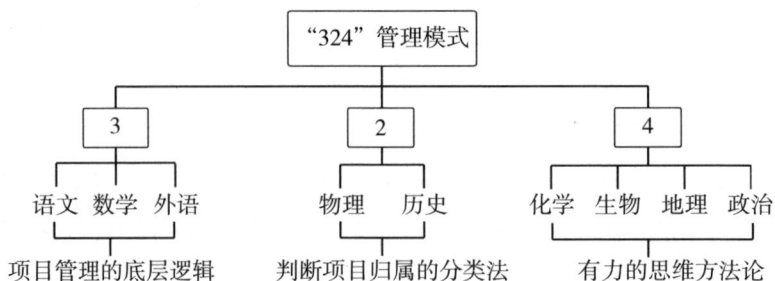

图 2-3 "324" 管理模式

在高考考试设计中，考生在选择必选科目时，要从物理和历史两门学科中选一门，这意味着物理和历史成了区分考生类别的第一步。

在过去的"3+X"分类中，一般将考生分为文科考生和理科考生，而现在，可以大致先将考生分为选考物理的考生和选考历史的考生。

将物理和历史作为考生选考的第一步，除了物理和历史这两门学科重要之外，还说明这两个学科代表了不同的思维方式，可以用来区分考生。

"4"指的是化学、生物、地理、政治这四门次选科目，代表着主因思维、催化思维、责任划分、对比思维、系统思维、主观能动性等发散的思维方式，是工作中解决问题的有力的思维方法论。

一直以来，人们都在被告知，要学好这些学科，要掌握什么思维、具备什么样的能力，却很少有人分析，这些学科给予了人们什么思维、教会了人们什么能力。

学科思维"324"管理模式反其道而行之，用这些学科的经典表达，提炼这些学科锻炼了人们什么样的思维能力、激发了什么样的工作能力，再对作用于工作项目上的关键字和关键思维模式一一进行分析，分析这些学科究竟给予了人们什么，又在日常企业管理中起到了什么样的作用。

第二部分
"3"：项目管理的
底层逻辑

第三章 表达、想象、"尊"与"从"
——语文管理思维

自从上学开始，语文就出现在课程表中，从小学到初中再到高中，语文一直都是一门主科，语文学习占据了很多的时间。从小的时候学拼音、背古诗，到长大了做阅读理解、写作文，人们不停地阅读、摘抄、收集资料。

那么在学习语文的过程中或者学习语文之后，人们获得了什么呢？

一、语文思维与项目管理的底层逻辑

语文是语言和文字的综合学科，主要训练的是学生听、说、读、写、编的能力。

这些能力，每一个都是管理者应该具备的。语文思维与项目管理的底层逻辑如图 3-1 所示。

1. "听""说"与沟通和表达

"听"与"说"的思维能力，可以引申为沟通与表达的思维能力。对于一个管理者而言，沟通和表达是非常基本的思维能力。这两个思维能力中，沟通思维能力又一定程度上包含着表达思维能力，一个会沟通、懂沟通的管理者，势必是一个敢表达、会表达的管理者。

在管理中，可以说沟通是一个最基本的思维能力，有人甚至将管理的过程直接定义为沟通的过程，认为管理就是沟通。著名组织管理学家巴纳德认为：沟通是把一个组织中的成员联系在一起，以实现共同目标

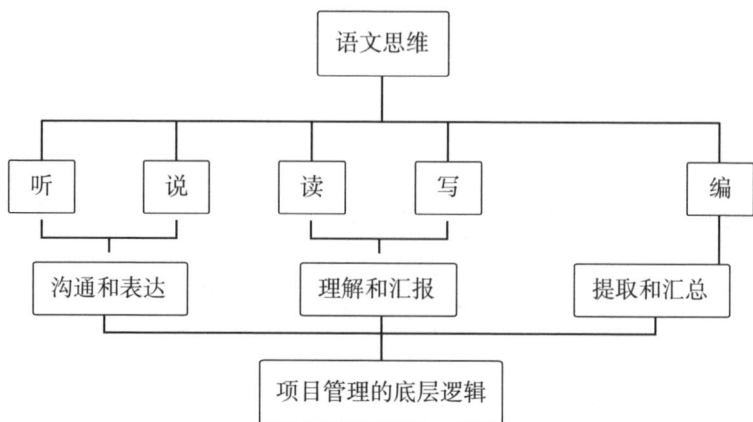

图 3-1　语文思维与项目管理的底层逻辑

的手段。没有沟通，就谈不上管理。

确实，在企业管理中，最基本的四种职能包括计划、组织、领导、控制。每一项职能都包含着沟通的要素，沟通甚至像一条主线一样贯穿着企业管理流程。

例如，一家服装制造企业的管理人员负责 A 项目，A 项目是加工1000 件西服。在管理 A 项目时，管理人员要根据工厂的实际情况做好计划，再组织工人对订单实现生产。生产过程中，管理人员要做好领导和进度、质量控制等工作。这里的每一项工作都要用到沟通和表达的思维能力。

又如，在计划过程中，某个项目要在 20 天内完成，只有将工厂中所有的人员投入其中或者将 80% 的工人高强度地投入其中才能完成。与此同时，工厂中还在进行另一项不太要紧的订单生产。是与项目负责人沟通先暂停这个不太紧急的项目，还是调动工人进行高强度工作？管理者需要做出一个选择，但不论做出怎样的选择，管理者都需要和别人沟通。

在生产过程中，由于一些不可控的因素，会出现各种各样的问题，都需要管理人员出面沟通交涉。在沟通中，拥有好的表达思维能力，能精准地传递意思，减少沟通成本，提高管理效率。

2. "读""写"与理解和汇报

"读"与"写"是语文考试中着重考查的能力，高考语文卷中的大项就是阅读理解和写作。这两项思维能力，对应到管理中，就是理解能力和汇报能力。

理解和汇报这两项能力，也是一名管理者需要具备的基本能力。

（1）理解是领会上级的意思和理解下级的诉求。

对于一名管理者而言，当上级领导提出一项计划或设计时，也许只有一个大的框架和方向，此时要精准地理解领导的意思，并帮助领导在这个大框架下完善小的细节，让整个计划或设计变得可执行、可操作。

管理者在项目中其实也是有力的执行者。公司的决策层更多时候提出的是宏观的、大的概念框架，具体的细节和措施需要管理者去丰富和执行。能否理解和执行领导的意思，成了判断管理者好坏的一项重要指标。好的管理者总能准确抓住上级领导的意思，及早对工作进行布局，赢得先机。

对于下级的汇报，管理者同样要准确理解，做出合理的安排。尤其是一些基层员工，平时与管理者的接触并不多，并不习惯汇报工作这种形式，当基层员工与管理者交涉时，可能是在工作或生活中遇到了很大的麻烦，而他们在汇报中，往往把握不好度，不知道将汇报的重点放在那里。这时，管理者不能只听字面的汇报意思，而要根据实际情况调研真实的事件，并做出安排。

例如，在一个项目组中，高强度的工作让大家几乎喘不过气来，正当大家为最后的项目攻坚克难时，有组员接二连三地来跟管理者汇报，表示自己身体不好，要去医院看病。这时，管理者不能简单地同意或者拒绝，而应根据组员的汇报，去调研真实的情况，是工作压力太大了，把大家都累生病了？或是工作强度太高了，不顾及大家的感受，组员们有了意见，用这种方式罢工？如果是前者，那就调整工作节奏，合理安排大家的作息时间；如果是后者，那就给大家做做思想工作，让大家再一起加加油。

（2）做有效汇报。

汇报在管理者的工作中同样占有很重要的地位。管理者需要向上级做好汇报工作，这样才能让上级明白诉求是什么。管理者要学会做有效汇报。做有效汇报至少需要注意以下几点，如图 3 - 2 所示。

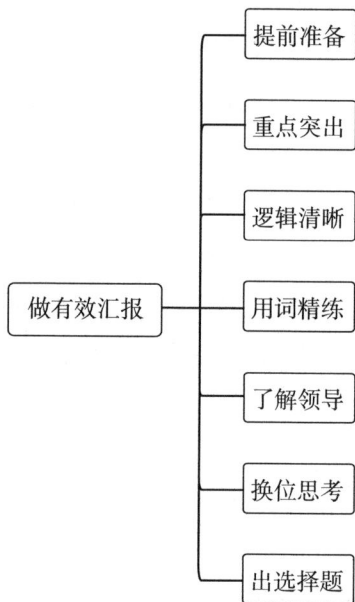

图3-2　做有效汇报

第一，提前准备。汇报不是即兴演讲，不能到现场再组织语言，而是应在汇报前充分做好准备。例如，充实汇报数据，调整汇报顺序，突出汇报要点等。只有提前准备好内容，不打无准备之仗，才能让汇报更加到位。

第二，重点突出。汇报工作的时候，一定要突出重点，让领导充分了解诉求。不要东说一句西说一句，让人听得云里雾里的，最好准备一两个要点，作为重点汇报，其他的非重点用几句话带过即可。

第三，逻辑清晰。逻辑清晰是有效汇报的秘籍，也是语文学科之于管理的重要方法论。在语文写作中，不论是记叙文还是议论文，都要求逻辑思路清晰。记叙文中，"时间，地点，人物，以及事情的起因、经过和结果"缺一不可；在议论文中，论点、论据和论证三者相辅相成。在向领导汇报的过程中，不论是采取记叙文的方式说清事情的发生过程，还是采取议论文的方式为自己的观点做出有力论证，都需要清晰的逻辑。这样，领导才能听清诉求，了解汇报者的想法。

第四，用词精练。在汇报过程中，还要注意的一个要点就是用词精练。汇报时，一定不要废话连篇或者长篇大论，半天切不到主题。用词精练，能让领导迅速领会到汇报者的意思，进而做出下一步判断。在语文思维中，用词精练是一项基础要求。如果汇报中总是有很多废话，不妨多读文言文，看看古人是如何用这么少的字说清楚事情的。

第五，了解领导。俗话说，"知己知彼，百战不殆"。在汇报前，一定要摸清领导的性格属性，例如，领导更倾向于什么样的汇报方式，领导更喜欢要点型的汇报思路还是情感型的汇报思路等。

第六，换位思考。汇报不是阿谀奉承或溜须拍马，而是将工作要点准确有效地传达给领导。在准备汇报材料的时候，要站在领导的角度思考。想象若自己是领导，会更想听到怎样的汇报内容，更喜欢怎样的汇报方式等。

第七，出选择题。在准备汇报材料的时候，为了使汇报更加有效，可以为领导准备几套解决方案，并分别说清楚这几套方案的可行性和优缺点等，让领导做最后定夺。这样，汇报才能更加高效地完成。

表3-1为有效汇报工具表，汇报者可以对照各项目检查自己的完成情况。

表 3 - 1　　　　　　　　　有效汇报工具表

序号	项目	完成情况
1	提前准备	
2	重点突出	
3	逻辑清晰	
4	用词精练	
5	了解领导	
6	换位思考	
7	出选择题	

3. "编"与提取和汇总

"编"虽然不是语文学科的考试重点，却也深深地内化在语文学科思维中。"编"可以延伸为提取和汇总的思维能力。在管理中，管理者能准确有效地提取和汇总信息，是其区分于普通员工的关键因素。

在日常管理工作中，管理者经常要面对琐碎的杂事，非常损耗精力。管理者的注意力也时常被一些无意义的小事霸占，导致关键时刻意识不到事情的重要性，从而错失机会。

若管理者能从语文思维能力的"编"中领悟出提取和汇总的管理思维，情况会大不相同。

例如，一个新媒体的管理者，部门的日常工作是运营企业各类社交账号，如微信公众号的日常推文、微博的话题互动、抖音的短视频拍摄和小红书的攻略等。新媒体部门日常工作琐碎且耗时耗力，部门中的三个人总是忙得不可开交，经常加班。即使这样，这个部门仍然不容易出成果，当管理者向领导提出用人需求和资金需求时，却被领导以"没必要"驳回。

出现这种情况归根结底是这个管理者没有提取和汇总的管理思维。试想，如果这个管理者在繁杂的日常工作之余，提取工作重点，将有意义、有价值的信息作为重点文章推送，每月组织一次与公司重点产品相关的线下交流活动，再将工作中的方法论和有价值的信息汇总成手册推广给相关部门。想必这个部门的工作就很难不被领导发现和赏识。

二、语文经典表达与管理思维

提起语文，人们能想到许多经典的表达。如诗歌"飞流直下三千尺，疑是银河落九天"表现出的恢宏；又如"古之欲明明德于天下者，先治其国；欲治其国者，先齐其家；欲齐其家者，先修其身；欲修其身者，先正其心；欲正其心者，先诚其意；欲诚其意者，先致其知。致知在格物。物格而后知至，知至而后意诚，意诚而后心正，心正而后身修，身修而后家齐，家齐而后国治，国治而后天下平。自天子以至于庶人，壹是皆以修身为本"表现出的严谨的逻辑推论；又如要点明确、表达清晰的"时间、地点、人物，事情的起因、经过、结果"记叙文六要素等。

这些经典表达背后，暗含着语文的想象力、逻辑力、表达力等经典的学科思维，而这些学科思维，又与企业的管理思维相对应。

1. 想象力与管理思维

想象力是很经典的一种语文思维，这种思维在管理中也起到非常重要的作用。背靠想象力，管理发展出了冠军思维。

（1）什么是冠军思维。

美国心理学教授卡罗尔·德韦克在其图书《看见成长的自己》中专门用一章阐述了冠军思维。他列举了很多运动员的例子来说明冠军思维是什么。例如，拳王阿里并不是一个天生的拳击运动员，他的体格、力量和动作等，都不是一个伟大拳击手应该有的样子，但是他依靠自己独特的打拳方式，开辟了属于自己的拳击时代。阿里成为一名伟大的拳击手，很大一部分原因是他具有一种别的运动员没有的思维——冠军思维。他在比赛的时候，更愿意动脑筋，更愿意用自己的想象力提前帮自己赢得比赛。篮球巨星乔丹则愿意付出比别人更多的努力，不断提升自我、超越自我。

最终卡罗尔·德韦克指出，几乎所有的冠军都有这样的思维，他们不认为自己有超高天赋，生来就能获胜，他们勤奋训练，在巨大的压力下也能集中注意力，沉着迎战，即使身处逆境也不放弃，最终获得胜利。

在笔者看来，冠军思维还有一个重要的因素，那就是对胜利的想象力。在拥有冠军思维的人的脑海中，一定有这样一个画面——他取得了最终的胜利，站在了最高的领奖台上。他的胜利在于他为自己描绘了一个必胜的愿景。

（2）冠军思维与管理。

伟大的体育教练约翰·伍登曾说："我相信能力会帮你走上巅峰，但需要冠军思维才能让你长盛不衰……一旦有所成就，你反而必须付出同样甚至更多的努力。当你看到关于一名运动员或一支球队不断取得胜利的报道时，别忘了告诉自己除了能力之外，他们的思维特质更重要。"

对于运动员来说，冠军思维是必不可少的。对于管理者来说，冠军思维同样有非凡的意义。不过运动员的冠军思维是作用于自己，而管理者的冠军思维是作用于团队。只有团队的所有成员相信这个团队可以做得比以往更好，可以绝地反击，这个团队才可能取得真正的胜利。

冠军思维之于团队是一种黏合剂，也是引路灯，让团队成员可以脚踏实地，大胆想象，永远相信明天会比今天更好。

2. 逻辑力与管理思维

语文中的逻辑力和数学或其他理科学科中的逻辑力不同，后者是一种条理清晰、意思明确的逻辑力，一般用图形和数字表现；而前者是一种蕴含在文字中的有理有据的逻辑力，看上去杀伤力不大，实际上却坚定且有力量。

这种逻辑力体现得最明显的是议论文，议论文一般遵循着"提出问题—分析问题—解决问题"的步骤，语言精练、严密，能够准确地表达作者的观点，同时驳斥不认同的观点。议论文的论证方法有很多种，每一种都能以逻辑为依托，输出令人信服和赞叹的文字。而管理思维，也在其中显现。逻辑力与管理思维如图3-3所示。

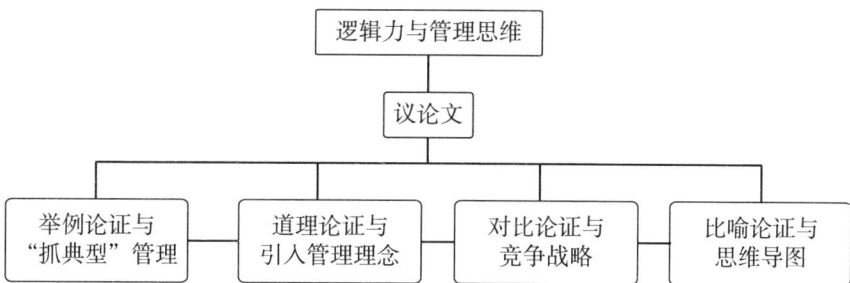

图3-3 逻辑力与管理思维

（1）举例论证与"抓典型"管理。

举例论证又叫事实论证，是一种从个别到一般，从材料到观点的论证方法。使用的推理形式是从许多个别和一般的事物分析和研究中推理出一般的结论。这种方式在议论文中很常见，比较符合人们一般的认识规律，说理效果也很明显。

具体到管理中，可以将其演化为"抓典型"管理。在一个企业中，面对数十名甚至数百名员工，管理者很难逐一对其进行监督和管理。这时，管理者可以运用举例论证的语文思维，在员工中树榜样。让其他员工知道，管理者青睐的员工是什么样的，往后努力的方向在哪里。这样，员工心中有方向，努力有目标，即使不和管理者时常见面沟通，也可以很坚定地树立信念并完成工作目标。

现在企业中的一线员工，以"90后"居多，他们离开学校的时间并不长，其中很多人还带有"学生思维"，渴望得到上级的关注和指导。而实际工作中，管理者并没有那么多的时间和精力对下属进行一一指导。这时，如果借助"抓典型"来管理，就能让这些员工知道领导心中的好员工是什么样的。同样，管理者可以抓一些负面的典型，告诉员工企业的底线在哪里，哪些事情不可以做。

身边的案例永远比制度和教条有说服力。采用"抓典型"管理，相当于给员工做了一次生动有力的企业制度论证。

（2）道理论证与引入管理理念。

道理论证就是人们所说的"讲道理"，就是用一些普遍性和规律性的话来论证文章的观点，这种论证方法本质上是一种归纳法。

在进行道理论证的时候，除了引用那些原理，一些学科的理论以及广为流传的谚语、成语、俗语等也可以作为论据。

对应到管理工作中，管理者可以在部门或者企业内部引入一些成熟的管理理论或者管理经验，再根据组织的实际情况将其做一定程度的"本土化"改动。这样，就可能收获意想不到的好结果。

例如，受到新媒体的冲击，人们阅读习惯发生了变化，订购杂志的人越来越少，受这种现实状况的影响，A杂志社的生存越来越艰难。对此，A杂志社提出企业全方位转型。怎么转型呢？A杂志社的管理层在讨论了一段时间后，决定引入企业再造理论。

根据企业再造理论，A杂志社开展了以下几个工作。第一，对企业原有的流程和业务等进行全面梳理和分析，根据社会影响力、利润率、发行规模等指标对现有的期刊进行评估并打分；第二，砍掉得分较低的项目，着重扶持和发展得分较高的项目；第三，制订与重点项目配套的发展规划、人力资源规划、组织结构规划等，形成系统的企业再造方案；第四，实施企业改造方案，并根据实际情况持续更新。

经过一段时间的发展，A杂志社扭亏为盈，并持续在新媒体领域发力，打造出了几个社会影响力很大的线上拳头产品。A杂志社成了为数不多的发展壮大的杂志社。

（3）对比论证与竞争战略。

对比论证是一种求异的思维方式，是从事物的比较中来揭示需要论证的论点的本质。

对比论证和管理学中的竞争战略有异曲同工之妙。因此，企业管理者可以在企业管理中引入竞争战略。竞争战略的层次可以简单地总结为以下四个方面，如图 3-4 所示。

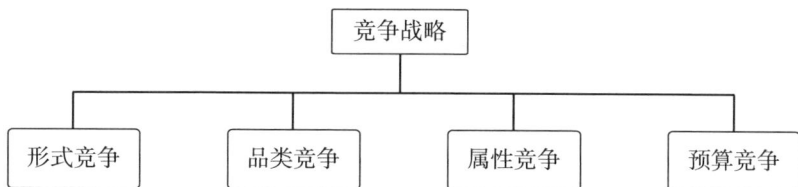

图 3-4　竞争战略的层次

形式竞争是比较狭义的一种竞争，主要指的是产品形式的竞争。比如，一些具有相同特征、面向相同细分市场的同类产品的竞争。

品类竞争指的是具有相似特征的产品和服务之间的竞争，这也是企业应该着重关注的竞争。

属性竞争是产品属类间的竞争，这类竞争的时间跨度更长，着重于可替代的产品。例如，方便面与外卖之间关于"方便"的竞争就可以看作属性竞争。

预算竞争的范围更加广泛，营销大师菲利普·科特勒曾提出"对抗"这样类似的概念，指的是争夺消费者口袋中的预算。例如，一个家庭一年有五万元的预算，那么，食物、家具、旅游等都被看成预算竞争的品类。

（4）比喻论证与思维导图。

比喻论证是用比喻做论证，用比喻之理论证被比喻之理。一般来说，在论证过程中，比喻之理比被比喻之理更加形象易懂。

在管理中，可以引入思维导图这种一目了然的、易于理解的工具，帮助部门或者项目规划工作流程。

例如，一位化妆品公司的大区经理，每当新品上市的时候，就要招聘一批促销员下沉到一线门店推广新产品。可是关于新产品的卖点、促销方案、与竞品之间的区别等内容，这些新招聘的促销员总是记不清楚，或者这个记清楚了，那个又忘记了。

该大区经理向前辈讨教经验，前辈告诉他："这些促销员都是临时招聘的，记不住公司产品的特点很正常，关键是你要教会他们如何记住。""那我该怎么教呢？"该大区经理依然很疑惑。"你把这些信息转换成更形象的东西，他们一下就记住了，现在思维导图很流行，你不妨把这些信息做成思维导图试试。"

该大区经理听取了这位前辈的意见，回去将产品的信息做成思维导图发送给每个促销员，并给每个要点都做了形象的比喻。果然，在接下来的巡店过程中，该大区经理发现大家对产品的信息熟悉多了，有些促销员甚至直接将该大区经理做的思维导图展示给顾客，顾客被上面的要点所击中，直接选购了产品。

3. 表达力与管理思维

不论是口头表达还是书面表达，都是语文这一学科的训练重点。久而久之，一提到语文，人们就能联想到"表达"。在常见的文学体裁——诗歌、散文、小说中，蕴含着最基础和最有力的表达力。将这些文学体裁与管理思维做一个关联，可以了解这些表达力如何成就了管理。表达力与管理思维如图 3-5 所示。

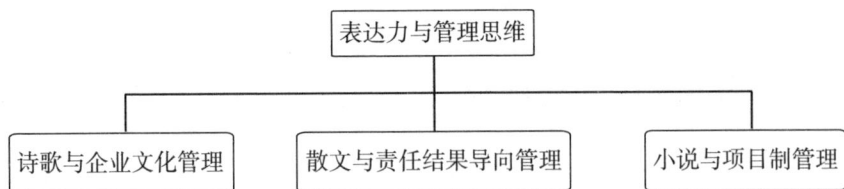

图 3-5　表达力与管理思维

（1）诗歌与企业文化管理。

诗歌是通过想象和抒情，用凝练的语言来表达某种强烈的情感，是一种古老的文学形式。一般来说，诗歌多具有节奏感和韵律感。

　　诗歌的这种特性，决定了其具有强大的情感激发能力，这正好与企业文化管理的思路不谋而合。企业文化管理本质上是对企业的个性进行管理，激发员工的工作激情，营造企业的工作氛围，从而使企业的生产效率更高，创造更多的利润。

　　用山水田园诗的闲适淡泊和意境幽深可以打造清幽、雅致的企业文化。有些文化企业很注重打造一种文化底蕴深厚的企业形象，也希望企业的员工能够由内而外散发一种闲适、自由的文化气质，那么山水田园诗就很适合这样的文化企业。如谢灵运的作品《初去郡》描绘的意境，就很适合经营艺术品的文化企业。

　　边塞诗可以激励开拓型的企业。开拓型的企业面对市场要进行"开疆拓土"，这样的企业需要建设不怕苦、雄心壮志的企业文化激励。

　　婉约派的诗词之美可以用来打造经营女性用品的企业的企业文化。婉约派的诗词婉转含蓄，有一种柔婉之美。经营女性用品的企业，正好需要这种婉转含蓄的气质。

　　豪放派诗词的热情和豪迈，可以打造奋进、昂扬的企业文化。一些创新型企业在发展的过程中，需要员工保持积极的心态和奋进的态度。这时豪放派的诗词就很适合用来打造这类企业的企业文化。

　　（2）散文与责任结果导向管理。

　　为区别韵文与骈文，人们把不重押韵、不重排偶的散体文章（包括经传史书），统称"散文"。而散文最重要的特色就是"形散神不散"。"形散"指的是散文的题材涉猎广泛，不受时间和空间的限制，写法多样，结构自由，不拘一格；而"神不散"指的是散文的立意主题集中，有贯穿全文的线索，无论散文的形怎样散，都是为"神不散"服务的。

　　散文的这种"形散神不散"的特性与管理中的责任结果导向管理意义相通。与散文注重立意、不注重形式这种特性相似，责任结果导向管理注重工作的最终结果和工作中的责任落实，而对过程的内容和形式却不那么在意。

这种责任结果导向管理也是著名企业华为信奉的管理方式。在华为高层看来，如果过于关注过程，会使员工过于关注行为本身，而忽略了创造价值的目标，尽管关注过程能够有助于产生"正确的行为"，但是"正确的行为"和"获得好的结果"之间没有必然的联系。

这种管理也能一定程度上减少"拼资历""看学历"等现象。有些员工的学历高，经验丰富，自身素质强，工作履历也很漂亮，但在实际工作中，却躺在过去的功劳簿中，不思进取，出工不出力。若以责任结果导向管理的标准来看，这类出工不出力的员工便不能获得高绩效，整个工作系统也不会鼓励这样的现象。

（3）小说与项目制管理。

小说是以刻画人物为中心，以故事情节和环境描写来反映社会生活的文学体裁。人物、情节、环境是小说的三要素。小说的种类很多，根据篇幅的不同，可以分为长篇小说、中篇小说、短篇小说和小小说等；根据体制的不同，可以分为章回体小说、书信体小说、日记体小说、自传体小说等；根据内容和题材的不同，又可以分为悬疑小说、科幻小说、神话小说、言情小说等。

不论是什么种类的小说，都创造了属于自己的人物形象和语言风格，并且逻辑自洽，故事情节完整。小说的这一特性，正好可以指导项目制管理。项目有大有小，种类和开展方式都可能各不相同，但如同小说有"人物、情节、环境"三要素一样，每个项目都应有自己的要素——人员、项目、进度等。

在实施项目制管理的时候，可以用小说中开端、发展、高潮、结局的结构展开管理。

第一，开端。将一个大的运营目标分解成相应的小的项目目标。这一工作可由管理者自行决定，决定后与项目组成员说明，获得他们的支持。

第二，发展。将项目目标分解为关键成果，并根据关键成果制定设计内容。例如，一个新媒体的项目，项目目标是通过举办活动，为公众号新增 1000 个粉丝。那么，关键成果可以是活动方案、成果维护、活动创意、宣传创意等。项目组成员再根据关键成果制定设计内容。

第三，高潮。确定项目的时间进度。项目组要以时间为节点，划分每个时间节点要完成的工作任务，再根据确定好的工作任务，提前做好准备。

第四，结局。在时间节点和工作任务都确定后，可以在办公区域设置任务看板，将任务和进度公开。以每个人为主线，每个人完成一个任务后，就在相应的格子里打钩，以激励组内成员。

三、语文思维管理模式列举："尊"与"从"的中式管理

在语文思维与管理思维的连接中，有一项重要的分支领域不应该被忽略和遗忘，就是中式管理。事实上，语文思维正源源不断地为中式管理输入能量。

教育家叶圣陶先生曾表示：语文是工具。自然科学方面的天、地、生、数、理、化，社会科学方面的文、史、哲、经，它们的学习表达和交流都要使用语文这个工具。语文的工具性还体现在中式管理上。在中式管理中，语文为其提供了理论基础。

"齐景公问政于孔子。孔子对曰：'君君，臣臣，父父，子子。'"（《论语·颜渊》十一）

一句"君君，臣臣，父父，子子"道尽了中式管理的精髓。在企业中，管理的底层逻辑无非就是"人"和"事"，"人"能够为企业提供价值，"事"能够为客户提供价值。在中式管理中，管理者最看重和关注的，也是"人"和"事"。

在对"人"和"事"的处理上，主要遵循的是"尊"和"从"的思想。

"君君，臣臣，父父，子子"的意思是君主要有君主的样子，臣子

要有臣子的样子，父亲要有父亲的样子，儿子要有儿子的样子。

在企业中，虽然绝大部分的企业都试图营造一种平等、宽松的工作氛围和企业文化。表面上大家越来越不受约束，但在内心深处，面对上下级关系，人们还是习惯尊重上级、服从上级。在管理时，管理者也可以基于此稳步推进工作。

例如，在一个工作组中，组长带领组员开展工作，经常会遇到讨论方案的情境。尽管组长每次在讨论前都强调大家要畅所欲言，在讨论会上没有级别，他在做决定时也尽可能听取别人的意见和建议。但在实际的方案讨论中，大家的积极性并不高，通常他说什么，大家就顺着他的思路往下说，他提出一个方案，除非十分不合理，一般没有人反对。尽管这位组长并不喜欢"一言堂"，但最终不得不自己做决定。

后来，这位组长想到了一个解决方案，每次小组讨论的时候，他尽量不去现场，由组员轮流主持会议，再将会议结果汇总给他。经过几次会议后，这位组长发现，他不在的这几次讨论的结果和方案都比他在的时候质量要高。

这位组长成功的原因是摸清了组员的想法。在绝大部分中国人的观念里，面对上级时，要尊重和服从。这种观念对于自由讨论的会议并不好，因此这位组长恰当地避开这样的场合，反而取得了更好的讨论效果。这是对"尊"和"从"的一次逆向运用，显然是很成功的。

第四章 记录、逻辑与分析
——数学管理思维

一、数学思维与管理的底层逻辑

数学是研究现实世界的空间形式和数量关系的一门学科，是人们对抽象的事物和模型描述的一种手段，可以应用于解决现实世界的许多问题。数学被引入了许多学科的发展中，并在其中发挥着必不可少的作用。

数学思维同样被引入管理中，也发挥着重要的作用。其中最有代表性的就是数学的运算思维深深地影响着管理的底层逻辑。在接触数学的时候人们就开始学习加减乘除了，时至今日，这些运算法则，已经深深地内化进人们的思维中，影响着日常生活中的方方面面。在企业管理中，加减乘除不再是一个简单的运算法则，而是一套系统的工作方法。数学思维与管理的底层逻辑如图4-1所示。

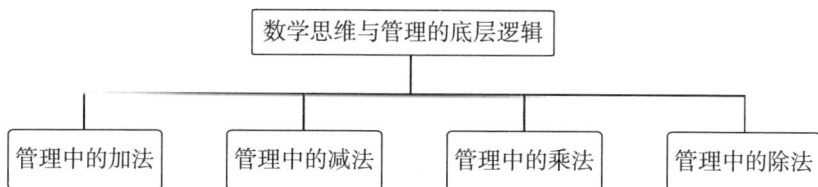

图 4-1 数学思维与管理的底层逻辑

1. 管理中的加法

"加"的意思是把本来没有的添上去。在管理中，有很多地方需要用到加法思维。管理中的加法如图4-2所示。

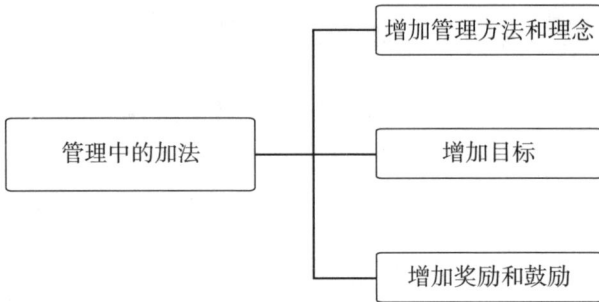

图4-2 管理中的加法

（1）增加管理方法和理念。

在管理中，最应该积极主动增加的东西就是管理方法和理念。内部的员工的行为特征以及外部的环境特征每年都在变化，还抱着老一套的管理方法和理念是行不通的。面对更新的环境和更有活力的新生代员工，管理者必须增加新的管理方法和理念。

管理者要主动获取和学习新的知识、新的方法、新的理念，并将其传递给员工；要为团队和组织设置新的管理方法和流程制度等，不断更新优化现有的管理方法和流程制度等，为团队和组织营造一个更好的工作环境。

例如，7S管理是在原来6S管理基础上优化和更新的，原来的6S指的是整理（SEIRI）、整顿（SEITON）、清扫（SEISO）、清洁（SEIKETSU）、素养（SHITSUKE）、安全（SAFETY）这六个项目，7S是在此基础上增加了节约（SAVE）。表4-1为7S管理工具表。

表 4 - 1　　　　　　　　　　7S 管理工具表

序号	项目	完成情况
1	整理（SEIRI）	
2	整顿（SEITON）	
3	清扫（SEISO）	
4	清洁（SEIKETSU）	
5	素养（SHITSUKE）	
6	安全（SAFETY）	
7	节约（SAVE）	

这种新的管理理念非常适合企业和工厂中的办公室、车间、仓库、宿舍以及文件、网络等的管理。小 C 是一家公司的后勤领导，平时主要负责公司库房和内务等管理。在听说了 7S 管理后，小 C 立刻报名了相关课程和购买了相关图书，进行学习。学习后，小 C 总结了核心要点，并设计了一套与本公司相配的"7S 管理流程"。

小 C 将这套流程和核心要点制作成学习手册，分发给后勤部门的员工一起学习，一段时间后，公司的后勤管理果然上了一个台阶。领导对此很满意，表扬了小 C，让其他部门管理者向他学习。

（2）增加目标。

增加目标是管理中的一大智慧。在一个组织内，拥有清晰明确的目标是项目或团队走向成功的关键。很多人都知道一个项目或团队若想成功需要增加目标，却没有意识到增加目标是必要的。有时候，目标甚至能代替管理者管理项目或团队。

管理可分为"真"的管理和"假"的管理，即有效管理和无效管理。与人们想象不同的是，很多看似非常专业的、"像管理"的管理方式，实际上并没有起到管理的效果，是假的管理；而一些看上去并不专业、"不像管理"的管理，却起到了非常好的管理效果，被称为真的管理。

目标管理是"真"的管理。尽管目标管理并没有实体的管理者或者管理团队，但能有效地发挥管理效用。很多公司之所以陷入管理混乱，是因为缺乏目标管理，管理者看似很努力地管理，实际上，他们只是在行使一种职务权力，而不是在真正地管理。

有个小项目组一共有三个人，一名组长，两名组员。平时都是组长在管理这个项目组，给两名组员安排工作。可是这个项目组的效率一直不高，组员工作的积极性也不高，每天都在应付组长安排的任务，等着下班打卡回家。

直到有一天组长调任其他岗位，组里只有两名组员了。由于就剩两名组员，上级领导也没有再为这两名组员设置组长的岗位，所有要做的工作直接安排给组员，让他们两人自行分配。

由于有了直接的任务和目标，两名组员感受到了和以前不一样的压力和动力。两个人不再被动地等待工作，而是主动为自己设定目标。两个人再根据目标做好配合，一段时间后，他们俩完成的工作量竟然和原来组内有三个人的时候完成的工作量一样多。由此可见，目标管理确实有效果。

（3）增加奖励和鼓励。

加法的管理思想还体现在员工的激励机制上。员工的激励机制是最需要用加法思维设计的。

加法思维是这样一种思维，即在管理中不去考虑员工如果没有做到会受到怎样的惩罚，而是考虑员工如果做到了该怎样奖励和鼓励。这样，员工才会有更高的积极性投入工作，公司也能获得更高的实际效益。

2. 管理中的减法

"减"是从总体或某个数量中去掉一部分。人们常说的"大道至简"，就是一种典型的减法思维。在管理中，有许多地方用到减法思维。管理中的减法如图4-3所示。

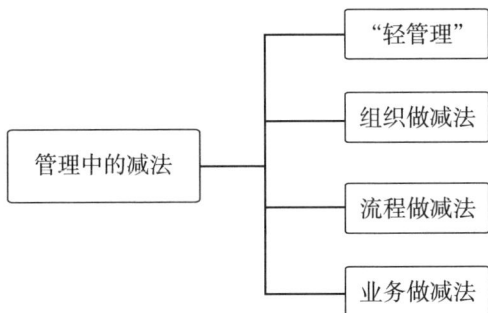

图 4 - 3　管理中的减法

（1）"轻管理"。

有人认为，在知识经济时代，需要新的管理思想、模式和方法。为此，有人提出"轻管理"，指的就是在管理上做减法，在管理过程中不盲目使用复杂的管理方法，而是从管理的原点、管理的层次、管理的有限性、管理的阶段性等出发，选择合适的管理方法。

"轻管理"主要从三个层面对管理做了减法，让大家对管理有了新的认识。

首先在管理理念上，要认识到管理的局限性，因此，要缩减管理的范围，不需要管理的地方尽量不去触碰；认识到管理职能的有限性，一些不在管理范围的工作，不主动去做；精简管理理论，不掉书袋，不纸上谈兵，在实际管理工作中践行管理理论；对管理的作用不抱过高的期待等。

其次在管理决策上，在做管理决策的时候，不以"管理是艺术"为借口对企业进行随意管理。而是找到管理的层次，进行科学、可控的管理。

最后在管理职能上，要确定管理在企业中的位置，区分经营、管理、领导这三种完全不同的职能。一般来说，是先领导再经营最后管理，管理要摆正自己的位置，切勿将手伸向不该管的领域。企业的利润来源是经营而非管理。

（2）组织做减法。

有管理专家认为，一个人最多能同时和六个人进行有效沟通，超过这个数字后，沟通的效率就会变得非常低。因此，管理者在组建自己的团队时，要学会在组织上做减法。具体做法包括以下几点。

首先，要找尽可能少的人。管理者在组建自己的团队时，对自己通过团队要完成的事情应想得非常明白，应十分清楚自己的组织战略，并根据组织战略去找对口的人，即适合自己的组织战略并且有一定技能的人。与这样的人共事，效率才会大幅度提高。这时，管理者会发现，不一定要找很多的人，只要专业和技能对口，即使成员很少的团队也能完成很伟大的事业。

其次，要尽可能找优秀的人。管理者在组建团队的时候，要发掘比自己能力更强更优秀的人。这是减法思维在管理中的重要体现。三国时期刘备的团队里面有关羽、张飞、赵云、诸葛亮等，这里谁的能力都不比刘备弱，但他还是将他们组织起来，一起为"匡扶汉室"的理想而努力。善用比自己更优秀的人，其实也是领导力的重要体现。

最后，要找那些不需要被管理的人。虽然管理者的主要工作是管理，但对于管理者来说，最好的员工是那些不需要被管理的员工。这样的员工一般有自我驱动能力，非常清楚自己要什么，对目标有坚定的信念。有时，他比管理者更加在意是否达成目标。

（3）流程做减法。

流程主要是为了解决人和事不匹配的问题，流程存在的主要目的是让所有的事有人管，所有的人都有事做，而且分工合理，专业化程度高。在一些企业或者团队中，会有流程臃肿、人浮于事的情况，进而导致工作效率低、工作量不均衡。这就需要管理者在流程上做减法，一般来说，可以从以下三个方面入手。

首先，改变传统职能设置的习惯。在传统思维中，一个企业或一个团队中照惯例应该设置这样或那样的职能部门，有时即使并不太需要这个职能部门，也会因为习惯的关系而设置。在减法思维下，遇到这种可有可无的职能部门，就要及时删减或者合并，不要为了习惯而买单，而要根据实际情况做决定。

其次，培养系统思维习惯。系统思维指的是在考虑问题时，不局限于流程的某个方面，而是将问题放置在整个系统中。这种系统思维体现了一种整体的意识，培养系统思维的习惯也在一定程度上杜绝了局部的臃肿和繁复，是减法思维的又一体现。

最后，形成绩效导向的文化。绩效导向的设立就是减去这样那样的评价体系，精简评价标准，以绩效为主，所有人都向着高绩效努力。减少无效努力，获得更高的业绩和效率。

（4）业务做减法。

很多公司都信奉"鸡蛋不要放在同一个篮子里"的经营原则，因此拓展了很多个方向的业务。有时候，甚至跟风做业务，看哪个行业赚钱就投身于哪个行业。一段时间下来，公司业务多、组织臃肿、盈利点不明确。等到年底看报表时，管理者才发现一年内看似忙忙碌碌，却并没有挣多少钱。公司业务多元化使公司就像一个杂乱无章的储物箱，里面什么杂物都有。

这种情况下，公司可以对现有的业务进行梳理和削减。就像家居整理一样，面对杂乱无章的储物箱，可以采取如下步骤：首先，清理，将所有物品都从储物箱清理出来；其次，分类，将清理出来的物品进行分类，并将无用和过期的东西丢掉；最后，规划整理，对储物箱的空间进行规划，将分好类的物品按照一定的秩序放回储物箱。

管理者也可以用这样的方法调整业务，给业务做减法。

首先，梳理现有的业务，将业务按照利润率或其他指标进行一定的分类；其次，削减公司不擅长的、对主营业务帮助不大的、利润率不高的业务；最后，对保留的业务进行重新规划，为其搭建新团队、制定新规则，以求得更好发展。

3. 管理中的乘法

在管理中，要想快速获得绩效，较快的方式就是使用乘法。一般来说，绩效受团队建设、制度建设、成本控制、指标提升及安全控制等的影响。

在一个团队中：

绩效 = 团队建设 × 制度建设 × 成本控制 × 指标提升 × 安全控制

在这个公式中，任何一项为零，都会使绩效变成零；但只要在这几个方面团结合作，一起努力，就能使绩效成倍增长。

在具体的管理中，可以使用这几种方式贯彻乘法思维，使绩效成倍增长。管理中的乘法如图 4 - 4 所示。

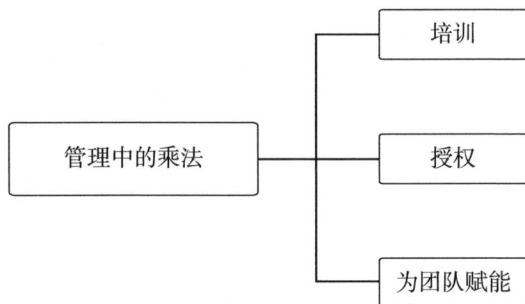

图 4 - 4　管理中的乘法

（1）培训。

培训是乘法思维在人才中的运用。如果企业能经常性地组织员工进行一些培训，就能使培训师的知识被复制，令被培训的员工或多或少掌握培训师教授的知识。如果培训的效果很好，甚至能做到有多少人参加了培训，知识就被复制给多少人。这样，人才就能成倍地增加。

小 D 组建了一个销售团队，团队中的成员都是销售新手，虽然非常有工作激情，但资历太浅，工作经验太少，并不能很好地开展销售工作。

小 D 想了很多办法，最后听取了一位前辈的意见，搭建课程，邀请业界多名销售冠军和资深销售专家为这些销售新手培训。

经过几天的理论培训和近半个多月的手把手指导，小 D 发现，这些成员变得老练，且取得了很好的销售成绩。他们的业绩远远超过了培训所花的费用。

"磨刀不误砍柴工。"这是小 D 事后对这次培训的评价。实际上，这其实是乘法思维在管理工作中的有效运用。

（2）授权。

授权也是乘法思维在管理中的一种典型运用，能快速地实现绩效增长。

在公司中，有很多的中层管理者，他们有能力、有资源、有冲劲儿，希望能在公司大展拳脚，获得领导和同事的赏识。但有一些公司"畏首畏尾"，不愿意将权限下放给中层管理者，导致很多中层管理者在实际工作中，受到很多约束，许多事情不能当场决定，还需要请示领导。一来二去，很多合作也就不了了之。有时候，中层管理者囿于层层的审批制度，不太愿意拓展新业务，只愿意在自己的安全区和舒适区内活动。

实际上，企业完全可以授予这些中层管理者更大的权限，让他们充分发挥能力和特长，让团队按下快进键，以成倍速度发展。

（3）为团队赋能。

为团队赋能也是乘法思维在管理中的深度运用，这种管理理念认为，团队中大多数人的能力都没有得到充分发挥，而这些能力在正确的管理方式下可以充分发挥出来。因此，员工的能力可以在不需要额外投资的情况下得到发挥，公司的价值和利润也能因此得到成倍增长。

这种管理方式被很多大企业所接受，苹果公司就是其中之一。

苹果公司的 CEO（首席执行官）库克是一个有乘法逻辑的领导者，通过最大化地开发现有员工的潜力，来实现更高的目标。

当时，苹果公司的一个部门需要实现利润快速增长，虽然可以选择扩大销售团队等方式，但库克并没有这样做。他研究了一套自己的解决方案，即以员工的能力为中心，将关键的销售人才分散在不同的岗位上，改变团队的销售模式，更好地利用销售人才和行业专家资源。经过一番重组，这个部门在没有新增一个员工的前提下，实现了年增长率成倍增长。

4. 管理中的除法

在管理中，难免遇到一些障碍。有些障碍需要慢慢克服，有些则需要快刀斩乱麻。在除去障碍的过程中，管理者主要用到的是除法。一般来说，管理中的除法主要应用于一切阻碍管理进步和公司利益的因素，主要的作用是解决公司经营中暴露的问题。管理中的除法如图 4 - 5 所示。

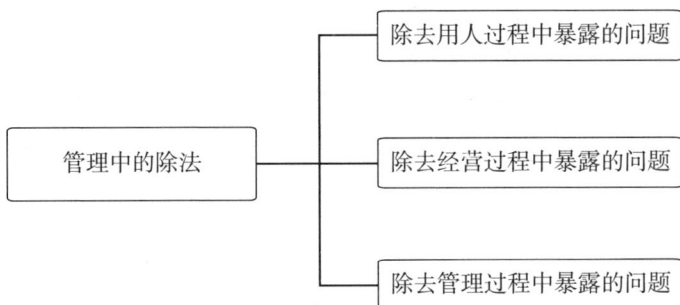

图 4 - 5　管理中的除法

（1）除去用人过程中暴露的问题。

在企业经营成本中，人员成本是很重要的一项成本。对于很多企业来说，在用人过程中暴露出的问题主要是企业的员工管理成本太高，企业中的内耗太大，影响了实际的生产经营。对于这种情况，管理者可以使用除法思维应对。

首先，增加信任是降低成本的好方法。企业中内耗太大的主要原因是员工彼此间不信任，怕"背锅"，导致做的重复工作太多。管理者要注意规范工作流程，将责任落实到位，在员工间搭建起信任平台，让身处其中的员工，可以放心大胆地开展工作。

其次，和员工建立起互利的合作关系。聪明的管理者与员工之间一定是互利互惠的合作关系，管理者和员工应当站在同一条线上。只有员工的利益与企业的利益息息相关，员工才能充分发挥自己的主观能动性，用百分之百的努力开展工作。管理者也就轻松解决了员工消极懈怠的问题。

最后，别怕给员工涨工资。很多管理者不愿给员工支付太高的薪水，害怕员工赚走了自己的利润。这种想法是不对的，有句俗话叫"一分价钱一分货"，话糙理不糙，只有给员工支付足够的薪水，员工才有饱满的动力投入工作。

（2）除去经营过程中暴露的问题。

在生产经营中，企业会时不时暴露一些问题，如一些短期化的行为、一些不合理的规章制度、一些不受欢迎的激励政策等。问题显现后，管理者要及时将其除去。另外，管理者要定时梳理经营流程，一旦发现其中存在缺陷、错误、差距等，应及时除去或改正它们，以保持组织高效、健康运转。

（3）除去管理过程中暴露的问题。

在管理过程中，一定会出现一些问题，如一些员工不清楚自己的职责，每天都在混日子；领导和员工之间沟通不畅，领导安排的工作员工不能完成，员工完成的工作领导不满意等。面对这些问题，管理者不要害怕工作中出现问题，而是要积极寻找解决方案，除去这些问题。一般来说，可以通过以下几种方式解决这些问题。

第一，统一目标和认识。要让员工明确企业或部门内的工作目标、管理风格、职责定位等，明确自己的工作任务和工作职责。只有统一了目标和认识，才能提升工作质量和工作效率。

第二，多帮助，少指责。很多管理者认为自己是管理者，比员工要高一级别，对待员工总是没有耐心，用处罚和指责的方式管理员工，时间长了，员工不愿与管理者沟通，工作上也消极懈怠。实际上，管理者要破除这种想法，要用务实的管理作风表达对员工的关心，在员工工作上有困难时，要多帮助，让掉队的员工跟上团队，一起创造辉煌。

二、数学经典表达与管理思维

在数学学科中，有许多经典的表达，如"三角形是最稳定的结构""$a^2 + b^2 = c^2$""勾三股四弦五"等，这些都能唤起大家对数学的回忆。数学中的经典表达暗含了记录、逻辑、分析等关键词。那么，在这些数学表达中，包含了哪些管理思维呢？笔者认为，其主要体现了会计管理思维、目标管理思维、分析与数据管理思维。数学经典表达与管理思维如图 4-6 所示。

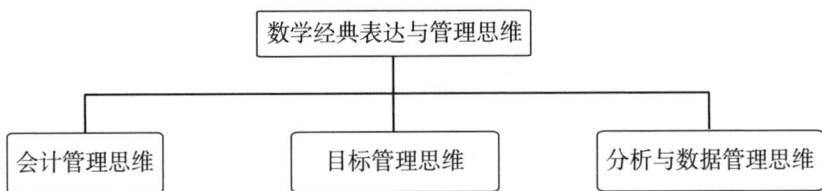

图 4-6　数学经典表达与管理思维

1. 会计管理思维

根据百度百科，记录是数字最基本和最古老的功能，从古人结绳记事起，数字就承担了记录的功能。这种记录方式最终演变为记账、算账、报账的会计行为。一般来说，会计的工作是指根据各种法律依据来核对记账凭证、财务账簿、财务报表，从事经济核算和监督的过程，是以货币为主要计量单位，运用专门的方法，核算和监督一个单位经济活动的一种经济管理工作。

众所周知，在企业中会计是必不可少的。实际上，会计管理思维在企业的管理工作中同样必不可少。会计管理思维如图 4-7 所示。

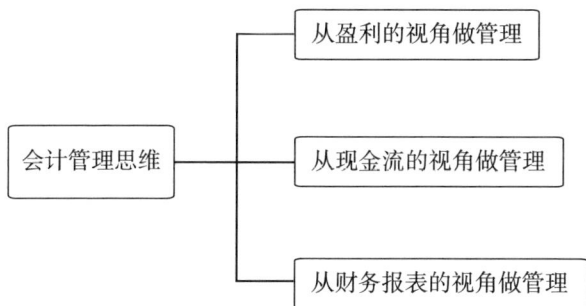

图 4-7 会计管理思维

（1）从盈利的视角做管理。

会计管理思维就是关于收支的思维，而企业的主要目的是盈利。因此，管理者在运用会计管理思维时，要将重点落在企业的盈利上。管理者一定要将这两个公式化用在日常的管理中，即

$$收入 - 成本 = 盈利$$
$$盈利 = 收入 - 成本$$

管理者要时刻将收入、成本、盈利放在心中，时时问自己，这样的成本合理吗？这样成交的话，收入能覆盖成本吗？这个产品有盈利的潜力吗？在面对项目时，管理者要从盈利的角度做出判断，对于企业中不盈利的项目，要及时止损；对于有盈利潜力的项目，要加大扶持力度。

（2）从现金流的视角做管理。

根据百度百科，现金流又叫现金流量，是现代理财学中的一个重要概念，是指企业在一定会计期间按照现金收付实现制，通过一定经济活动（包括经营活动、投资活动、筹资活动和非经常性项目）而产生的现金流入、现金流出及其总量情况的总称，即企业一定时期的现金和现金等价物的流入和流出的数量。

现金流是衡量一个企业经营状况、资产变现能力、获取现金的能力、偿债能力、收益的质量、投资活动和筹资活动能力等的重要标准。

因此，管理者要从现金流的角度做好管理，时刻将这个标准放在

心上。

（3）从财务报表的视角做管理。

会计管理思维的一大重要特征就是从财务报表的角度出发来思考问题。报表在数据不掺假、不修饰的情况下，对衡量企业经营效率、经营成果、经营潜力都有非常好的效果。

对很多投资人来说，相对于企业的存货、固定资产、金融资产等，他们更看重的是财务报表上的利润、现金流量、资产负债等。因为这些数字更能描述公司的经营状况。对于管理者来说，财务报表有着一样的作用。除此之外，管理者在管理过程中要保证财务报表的真实性，以便为公司的规划提供准确的意见。

2. 目标管理思维

因式分解绝对是每个学过高中数学的人极为熟悉的，在高中数学的学习中，每个人都做过无数次因式分解，可以说，在高中数学的代数计算中，因式分解无处不在。因式分解指把一个多项式在一个范围化为几个整式的积的形式，这种式子变形叫作这个多项式的因式分解，也叫作把这个多项式分解因式。

因式分解的一大特征就是提取公因式和分解多项式。这种提取和分解的思维方式与管理学中的目标管理思维的基本原理非常相似。可以说，因式分解的解题思维深深地体现在目标分解法中，两者有异曲同工之妙。

目标管理思维是管理学史上的一项伟大的成就，由管理学大师德鲁克在 1954 年提出。它能使人们用自我控制的管理，来代替由别人统治的管理。

目标管理思维包括以下几点（见图 4-8）。

（1）企业任务必须转化为目标。

在目标管理思维中，第一步是将企业的任务转化为目标。管理者再根据这些目标安排团队成员不同任务，完成绩效，以实现企业的总

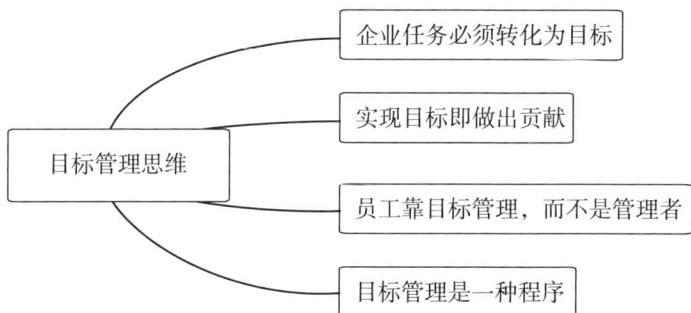

图 4-8　目标管理思维

目标。

管理者可以用剥洋葱法来设定目标，将目标分解为长期目标、中期目标、大目标、即时目标。设定目标的高效方法是由将来到现在，由大目标到小目标层层分解、一层套着一层。例如，可以根据时间设定年目标、半年目标、季度目标、月目标、周目标、日目标等。

管理者还可以先确定一个大目标，再根据目标树形图对目标进行分解。分解方式一般有以下几种：按部门分解、按项目分解、按产品分解。

在设定目标时，管理者要注意听取员工的意见，与员工一起设定目标，将目标作为双方共同的责任约束。

在实现目标时，则可以按即时目标、大目标、中期目标、长期目标的顺序，由小到大，一步步推进。因为实现目标的过程是由现在到将来，正好与设定目标的过程相反。

（2）实现目标即做出贡献。

管理者要和员工一起将工作落到实处，不要虚谈不着边际的事情，而要从实现设定的小目标开始。对于员工来说，自己设定的小目标就是企业对自己的总的要求，完成了这个小目标就是为企业做出了贡献；对于管理者来说，完成自己设定的大目标就是完成了企业赋予自己的使命，就是为企业的发展做出了贡献。

在对员工和管理者做绩效考核时,可以以目标的实现程度作为标准,因为这个目标是企业中的所有员工一起设定的共同目标,是双方都认可的责任。

(3)员工靠目标管理,而不是管理者。

在目标管理思维中,管理和约束员工的,不是管理者,而是目标。管理者只是起到指导和安排目标的作用。

员工能够以要达到的目标为依据,进行自我管理和控制,甚至为自己设定更进一步的精细化目标。在这种管理模式中,管理成本更低,员工的工作效率更高。

(4)目标管理是一种程序。

目标管理是一种程序,是能驱动企业各级人员努力工作的程序,管理人员要学会使用这个程序。

在实现目标时,可以按照"目标计划三步走"的方法。

第一步,是什么,即确定目标计划,明确目标是什么。

第二步,做什么,具体可以做目标设定、目标分解以及目标达成。

第三步,怎么做,可以通过计划设定和计划执行来完成目标。

3. 分析与数据管理思维

数据分析能力既是数学学科的一个经典能力,也是企业管理中必不可少的一个能力。在企业中,到处有数据,天天要看数据。管理者一定要有分析与数据管理思维,学会分析数据背后的现象,才能做好企业管理。分析与数据管理思维如图4-9所示。

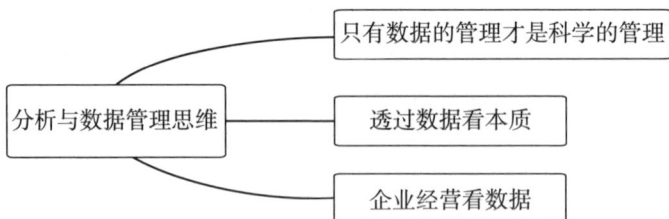

图4-9 分析与数据管理思维

（1）只有数据的管理才是科学的管理。

有管理专家表示："只有数据的管理才是科学的管理。"这样的话虽然听着有些绝对，但事实就是如此。

在企业管理中，数据无处不在，例如预算指标、业绩指标、绩效指标、工作量、加班时长等，数据已经渗透企业生产的方方面面。不论是管理者还是一线员工，每天、每周、每月、每年都要进行数据分析、数据对比。

结合目标分解法，管理者可以将各种目标量化为具体的数据，员工再根据这些具体的数据展开生产；管理者还可以根据数据评价员工的工作进度、完成情况、工作努力程度等，再设定相应的激励方案以管理员工。可以说，没有数据，就没有生产；没有数据，就没有管理。

（2）透过数据看本质。

数据其实能反映很多问题，企业管理者要透过这些数据了解背后的本质问题，将隐藏在数据背后的信息归纳和提炼出来，总结内在规律，从而做出有效判断或决策。例如，企业管理者可以根据某一部门的离职率来对该部门的管理做大概判断。因此，对于企业管理者来说，数据分析能力必不可少。管理者要能根据数据对以下方面做出分析。

首先，管理者要能根据数据对企业的现状做出分析。通过数据，管理者可以根据各项指标的完成情况分析企业现阶段的整体运营情况，了解企业各项业务的构成和变动情况。

其次，管理者要能根据数据对问题出现的原因做出分析。通过数据，管理者可以了解企业运营的具体情况，并对问题背后的原因做出分析。例如，这段时间企业的运营状况并不好，收入下降了，管理者要能根据数据判断收入下降的原因是什么，并据此调整运营策略。

最后，管理者要能根据数据对企业的未来发展趋势做出预测。在通过数据了解企业的运营情况后，要能据此预测未来的发展趋势，并根据这个趋势制定相应的对策，以保证企业的可持续发展。

（3）企业经营看数据。

数据分析对于企业经营来说有非常重要的现实意义，能解决很多的问题。数据分析至少能解决五大类问题，即是多少、是什么、为什么、会怎样、又如何等。因此，企业在做出决策前，要对数据进行扎实调研。对于企业来说，数据分析有以下几个现实意义。

首先，能帮助企业找到用户需求。企业除了分析自身的数据，还可以分析用户数据，并建立数据库。可以通过对用户数据分析和挖掘，再结合企业自身的运营策略，在用户需求和企业自身发展之间找到平衡，找到既满足用户需求又满足企业自身发展的策略。

其次，能够帮助企业有效推进智能化运营进程。数据分析水平不断提高，使得企业在动态数据的收集、管理、分析、研究方面有了长足进步。这就保证了企业运营管理的有效性，能够更合理地促进企业资源的优化以及合理分配，从而推进企业的智能化运营进程。

最后，在实践管理方面卓有成效。管理者可以对库存、合同、财务成本、人力成本、销售统计等诸多数据进行汇总分析，为决策提供客观的数字化依据，避免受日常管理中主观印象的影响，从而使决策更具科学性。

三、数学思维管理模式：管理的逻辑

逻辑本义是思维的规律和规则，是数学的经典表达之一，逻辑性强是数学学科主要的特征。数学中的逻辑主要指的是数理逻辑或者符号逻辑，是用数学的方法研究逻辑或形式逻辑，表现形式有集合论、模型论、证明论、递归论等。

这种逻辑性也影响着管理学，在管理学中，自有一套管理逻辑，它和数学中的逻辑一样，贯穿在整个管理学中，为管理者的工作提供了丰富的借鉴性。每一位管理者都要了解一些管理的逻辑，并将管理的理论用于实践的过程中，管理就会变得轻松和容易。著名管理学家德鲁克曾经指出，深谙管理原理或者管理逻辑的普通员工，要比 90% 的不懂管理逻辑的管理者更加接近管理的殿堂。这一说法或许有些夸张，但也在一定程度上说明了管理逻辑在管理者工作中的重要作用。关于管理逻辑，笔者总结了以下几个要点，如图 4-10 所示。

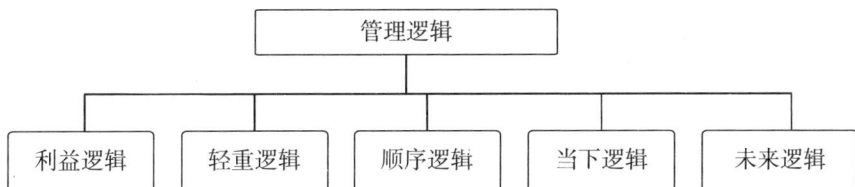

图 4-10　管理逻辑

（1）利益逻辑。

在管理过程中，管理者首先应该重视的就是员工的利益。只有把员工的利益安排到位，解决了员工的后顾之忧，这些员工才能死心塌地跟着团队，一起实现梦想。而利益的根本逻辑是"先给予，后利用"。管理者要给予员工足够的保障和好处，这样员工才会追随、信任管理者，当基本的信任架构搭建完成，管理者就有了领导力，可以轻松调配眼前的工作。

此外，利益逻辑的一个原则是"建立利益共同体"，也就是说，在用利益吸引和安抚员工的基础上，将员工的利益与团队的利益做捆绑，将员工拉至团队的利益共同体之中，这样，员工才会更有干劲、更有拼劲，利益逻辑也能在更高的层面上发挥作用。

（2）轻重逻辑。

轻重逻辑是中国式管理中特有的逻辑，它面向的不是工作，而是人。轻重逻辑的根本是"先人心、后操心"，指的是管理者要分清管理工作的轻重缓急，永远将对人的管理放在第一位。而对人的管理中，第一步就是获得员工的心，得员工者得管理。管理者只有把握住员工的心，让员工真心实意地跟着团队，急团队之所急，真正为团队操心，这样才算是把握住了轻重逻辑的精髓。

反过来说，如果一个管理者，连人心都把握不住，那么，即使有再好的制度和管理办法，也将是镜花水月，起不到实质性的作用。

（3）顺序逻辑。

顺序逻辑指的是管理者对工作流程的把握，若将管理工作抽丝剥茧，只提取出最简单的步骤和方法，那就是先梳理清楚工作，再进行管理。正如那个"把大象关进冰箱需要几步"的经典问题。在这个问题中，虽然大象的大和冰箱的小都是摆在眼前的实质性的问题，但在设定具体步骤的时候，不能过分被这两个问题所干扰，而是应直面"关进"这个动作本身。因此，关键的步骤是"打开冰箱门、放进大象、关上冰箱门"，至于大和小的问题，则在关键步骤梳理清楚后再去解决。

管理也是如此，在实际管理工作中，千头万绪，管理者很容易发现可以立刻上手管理的内容后，就立刻行动。但很多时候，不梳理清楚步骤，直接管理工作，看似做了很多工作，其实会越做越乱，最后原先的努力反而成了无用功。

（4）当下逻辑。

当下逻辑指的是管理者要先顾好眼前的工作，获得稳定的状态，再谋求发展，即"先稳定，后发展"。对于一名管理者而言，刚进入一个团队的时候，不宜过于急躁和冒进，而应把稳扎稳打作为第一原则，先稳定好员工和眼前的业绩。当团队成员之间有一定的信任基础和默契，团队的业绩实现稳定增长时，再谋求进一步发展，这样的方式是最稳妥的。

如果管理者刚一上任，不顾团队的实际情况，就开始大刀阔斧改革，很有可能会遭到团队成员的抵制，最后导致团队分崩离析，令之后的发展和改革变得困难重重。

（5）未来逻辑。

未来逻辑指的是管理者在带领团队成员脚踏实地工作的基础上，给团队成员以信心，为他们指明未来的发展方向，为团队规划未来的版图。让团队成员工作有信心，对未来充满希望。

但要注意的是，未来逻辑不是一味地给团队成员"画饼"，做不切实际的承诺，而是立足现实，和团队成员一起谋划可实现的未来。因此，在实际的安排中，管理者可以带领团队成员先实现一两个较容易实现的目标，当这些目标真正落地实现后，团队成员就会变得更有信心，更愿意一起实现那些还没有实现的目标。

第五章 沟通、换位与同理心
——外语管理思维

一、外语思维与管理的底层逻辑

在中国，学生在学习外语时，绝大部分会选择英语。因此，本书提到的外语主要指英语。英语的学科思维能够非常准确地体现在管理中，并构成了管理底层逻辑。以英语为例，英语思维与管理的底层逻辑主要体现在以下几个方面，如图 5 - 1 所示。

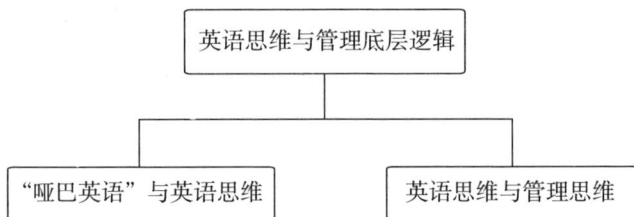

```
          ┌─────────────────────────┐
          │   英语思维与管理底层逻辑   │
          └─────────────────────────┘
              │                 │
    ┌──────────────────┐  ┌──────────────────┐
    │ "哑巴英语"与英语思维 │  │  英语思维与管理思维  │
    └──────────────────┘  └──────────────────┘
```

图 5 - 1　英语思维与管理底层逻辑

1. "哑巴英语"与英语思维

在学习英语的路上，不少中国学生遇到的一大难题就是不会开口说英语。很多学生虽然在书面考试中能获得不错的成绩，但只要一开口，就哽住了。因此，很多人也将这种情形称为"哑巴英语"。

为了将"哑巴英语"变成真正的英语，老师和学者花费了不少心思，总结下来，最有用的，就是培养英语思维。百度百科对英语思维的定义是，英语的掌握程度无限接近母语水平，可灵活使用流利的、纯正的英语表达所思所想，形成本能的、条件反射式的思维方式，让语言回归于实际生活应用。

（1）用英语的方式思考问题。

简单来说，英语思维就是"think in English"，即用英语的方式思考问题。

有这样一个语言教学的实验，能非常清楚地说明白英语思维在学习英语中的重要性。

老师向大家说了一句英语，提醒大家注意听，并将其记录下来。他是这样说的："Four, six, seven, ten, zero, two, one."

同学 A："是一串数字。"

同学 B："四、六、七……后面的念太快了我没听清。"

同学 C："我就听到了四、六……二、一。"

老师："为什么没听清呢？是我说得不清楚，还是发音有问题，还是你们不懂这些词的意思？"

同学 A："不是因为这些。"

同学 B："我觉得您说得有些快，我跟不上。"

同学 C："对，有些快，我没跟上。"

老师："快吗？外国人正常报电话号码不就是这个速度，我用的就是正常速度。"

同学 A："可能是我对英语中数字的表达还不太熟练吧。"

同学 B："对，可能是我对英语数字不太敏感吧。"

同学 C："我也是这样想的。"

老师："不对，这些单词你们至少十年前就开始学了，不熟练、不敏感这些理由说服不了我。你们说说，你们是怎么记这些数字的？"

同学 A："您说 four 我想是四，然后将它记下，说 six 和 seven 的时候我还能勉强反应过来并记下，可之后就听不清了。"

同学 B："对，我就记下了前三个。"

同学 C："我比你们慢一点，记下两个就跟不上了，所以干脆跳过中间的，记最后两个。"

老师："所以，你们是先翻译成中文记下来？"

同学 A："是的。"

同学 B："翻译耽误了时间。"

同学 C："我明白了，因为我们还是用的中文思维，如果直接用英语思维记数字应该就快得多了。"

老师："对的，你看，如果把英语翻译成中文，那就耽误太多时间了。不如直接用英语思维记忆，这样就容易得多。不信大家课后再试一试。"

除此之外，"think in English"意味着多去了解外国人的想法和文化。例如，了解一些俚语的来源和意义，了解英文单词的词根和发展根源，了解外国人的生活习俗等。

（2）不管怎样先开口。

语法也是学习英语的一大阻碍。笔者曾与很多英语学院的同学聊过如何学英语这个话题。发现不少人一开始说出来的往往是中式英语，但是时间长了，就渐渐变得地道了。这是怎么回事呢？一位外语学院的同学告诉我："如果等想好语法再开口，那说话的机会早就过去了，最后的结果肯定又是不开口。所以有机会说英语的时候，不管三七二十一，用自己知道的单词表达清楚意思是最重要的，语法的问题可以在学习中不断修正。"从某种程度上说，语法知识的多少和日常交流的流利程度没有太大关系，过于关注语法知识，反而会阻碍英语尤其是英语口语的进步。

因此，可以将英语思维看成摒弃翻译思维和语法思维的一种注重实践的思维。

2. 英语思维与管理思维

英语思维与管理思维总结起来包括以下几种，如图5－2所示。

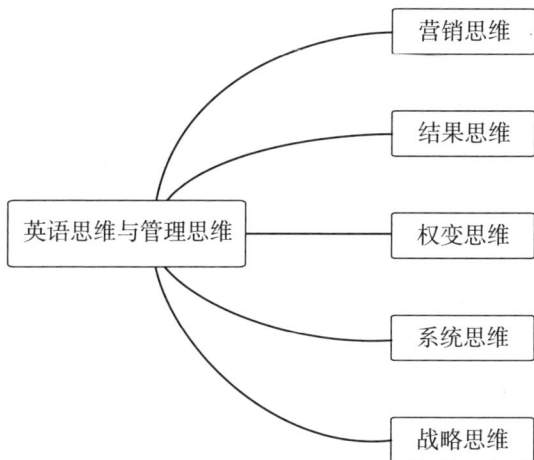

图5－2　英语思维与管理思维

（1）营销思维。

营销思维指的是，人们在面对日常工作中所遇到的问题时，可以从问题中抽离出来，站在营销的角度去考虑问题。营销思维包括了产品思维阶段、客户思维阶段以及用户思维阶段，将关注点分别放在产品本身、大客户以及零散的用户上。不论在哪一阶段，营销思维都是将关注点放在对象身上的一种思维方式。

对于管理者来说，无论其工作是否与营销有关，都要训练自己这种思维，保持自己的营销敏感性。

（2）结果思维。

结果思维指的是在分析问题时，以结果为导向，将结果作为一个重要的判断标准，在做一件事情的时候，关注事情可能产生的结果，并以此反过来指导过程。

结果思维是一种非常务实的思维，在实际管理工作中，管理者的结果思维可以体现为对企业的利润负责，对员工的绩效负责等。

（3）权变思维。

权变思维指的是管理者在管理过程中能够结合实际调整管理思路，不照搬照抄书上的管理理论。权变思维主要强调的是管理的变化性、应变性和有效性。

首先，管理环境是不断变化的。尤其在科技迅猛发展的当下，这种变化更加显著。受环境变化的影响，管理者在实际的管理活动中，也要随机应变，以适应环境的变化。

其次，管理活动具有应变性。对于企业而言，管理的主要目标是实现利润增长。为了在激烈的竞争环境中占得一席之地，管理者应该摒弃落后的、过时的管理方法，根据外部环境的具体情况，采取灵活的、能适应企业实际情况的管理方法。权变思维的反面是僵化的、非黑即白的思维。权变思维认为，没有万能的、一成不变的管理方法，管理者要根据企业所处的外部环境随机应变。

最后，要实现管理活动的有效性。这就需要企业和管理者充分发挥自身的主观能动性。

（4）系统思维。

系统思维指的是人们把对象的互相联系的各个方面及其结构和功能进行系统认识的一种思维，其特点有整体性、结构性、动态性、立体性、综合性等，其方法有整体法、结构法、要素法、功能法等。

整体法指的是在分析和处理问题的时候，将方向对准问题的全局，将其作为一个整体来思考和分析，任何一样东西都不能凌驾在整体之上。

结构法指的是在应用系统思维的时候，注重系统内部结构的合理性。因为系统是由各个部分组成的，部分与部分之间的组合，会对结构产生很大的影响。

要素法指的是要充分发挥系统内各要素的作用。

功能法指的是要从系统的整体或大局出发调整或改变系统内各部分

的功能，使系统的状态更佳，从而使整体获得更多的利益。

（5）战略思维。

战略思维指的是面向未来的思维，更多是指企业的顶层设计。一名合格的管理者，必须具备战略思维，帮助企业转化、分解、落实各项措施。战略思维在企业中起的作用非常大，甚至能决定企业的生死。

二、外语管理思维：沟通、换位与同理心

外语指的是外来语言，是除了母语之外的语言。外语是相互的，例如，对于中国人来说，英语是外语；而对于英国人来说，中文是外语。

外语学习的作用和意义很多，不用人有不同的看法。有人认为，学习外语是为了不用通过别人的眼睛看世界；有人认为，一门语言代表一种思维方式，学习外语相当于了解不同的思维方式；还有人认为，外语是一把钥匙，能打开不同地区的有趣的生活方式。外语管理思维一般体现在以下几个方面，如图 5-3 所示。

```
                    ┌──────────────┐
                    │  外语管理思维  │
                    └──────────────┘
          ┌───────────────┼───────────────┐
    ┌──────────┐    ┌──────────┐    ┌────────────────┐
    │ 听力与"倾听" │    │  完形填空  │    │     口语练习      │
    │  管理术    │    │ 与问题管理 │    │ 与沟通、换位、同理心 │
    └──────────┘    └──────────┘    └────────────────┘
```

图 5-3　外语管理思维

1. 听力与"倾听"管理术

听力题是外语考试中的一大经典题型，听力题能考查学生倾听是否认真、理解是否到位。

这种"倾听"的能力在管理中发挥着同样作用。

有人认为，倾听是一种最简单最有效的管理术。对于管理者来说，要认识到倾听的价值和重要性，在管理中，应加以合理使用，以达到更

好的管理效果。听力与"倾听"管理术如图 5-4 所示。

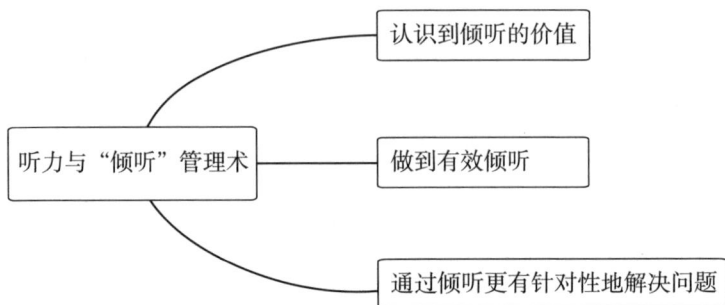

```
                              ┌─────────────────────┐
                         ┌────│   认识到倾听的价值   │
                         │    └─────────────────────┘
┌──────────────────┐     │    ┌─────────────────────┐
│ 听力与"倾听"管理术 │────┼────│      做到有效倾听      │
└──────────────────┘     │    └─────────────────────┘
                         │    ┌───────────────────────────┐
                         └────│ 通过倾听更有针对性地解决问题 │
                              └───────────────────────────┘
```

图 5-4 听力与"倾听"管理术

（1）认识到倾听的价值。

在职场中，不论是普通员工还是管理者，都面临着很大的压力。工作本身、环境因素、人际关系等都可能给人们造成压力。那些看似光鲜亮丽的职场精英也许内心有难以言说的委屈和苦楚。

当别人在工作中做出不合理的举动时，一味地指责和批评对方可能会激化矛盾，导致对方情绪失控，将事情引向更不好的方向。

管理者要认识到倾听的价值，倾听就是先把自己的见解放在一边，以对方为中心，聚精会神地听对方表达，同时注意一些非语言动作传递出的信息，如对方的表情、手势等。在综合判断对方想要表达的意思后，再给出适宜的反馈。这样就完成了用倾听的方式缓和矛盾、安抚对方、解决问题的步骤。

（2）做到有效倾听。

很多管理者都知道倾听的重要性，在实际的管理过程中，也应用了倾听的技巧，然而并没有解决问题。这是什么原因？归根结底是没有做到有效倾听。要想做到有效倾听，至少要做到以下几点。

第一，与对方保持目光接触，不要躲避对方的目光。

第二，当对方诉说时，不要面无表情，要做出恰当的反应，如赞许性点头等。

第三，倾听时，要聚精会神，不要心不在焉，更不要做出分心的举动和手势。

第四，在恰当的时候向对方提问。

第五，说出自己的感受，这种方法在生气时尤为有效。

第六，询问信息或进一步明确对方的意思。

第七，视情况复述对方的观点和意见，用自己的话来反馈对方的意思。

第八，在心中模仿对方的情绪，确定感受到的对方的情绪是否准确。

第九，对方在说话时，不要打断。

第十，摆正自己的位置——倾听对方，而不是发表自己的观点，因此不要说太多的话。

第十一，表明愿意解决问题的态度。

第十二，接收全部信息。

（3）通过倾听更有针对性地解决问题。

在管理中，倾听的最终目的是解决问题。因此，管理者在了解员工的问题和想法之后，要对这件事情进行分析，制订有针对性的解决方案，帮助员工解决问题。

2. 完形填空与问题管理

问题管理是四大管理模式之一，就是以问题为中心进行管理的模式。它以解决问题为导向，通过挖掘问题、表达问题、归纳问题、处理问题等方法解决问题。

完形填空又称障碍性阅读，是英语考试中非常经典的题型，也是考试中较为棘手的题型。出题者在语意完整、连贯的文章中挖去一些词语，要求考生在备选的答案中选择一个最佳答案，使文章恢复完整。完形填空考察的能力很多，既考查考生对词汇、语法、固定搭配等的综合运用能力，又考查考生在语境中逻辑推理、综合判断和分析概括等能力。

完形填空其实就是关于不断发现问题、解决问题的测试。在完形填空中考查的能力，其实也非常适用于问题管理这种管理方式。完形填空与问题管理如图 5-5 所示。

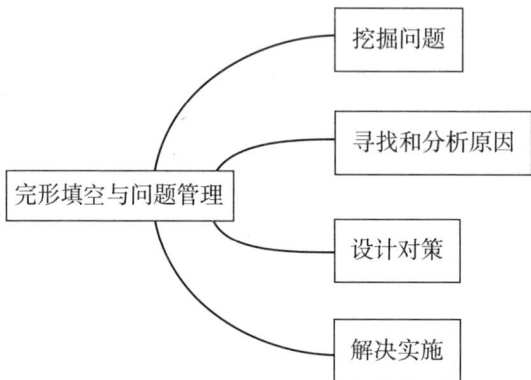

图 5-5　完形填空与问题管理

（1）挖掘问题。

在挖掘问题这一步，管理者首先要对问题产生的情景有所了解，对情景了解得越深，越有利于之后的工作开展。其次在了解情景的基础上，管理者要对问题做一个大概的预判。最后管理者要清除和过滤与此问题无关的"假问题"，以减少其对"真问题"的干扰。

（2）寻找和分析原因。

管理者要寻找和分析问题发生的原因。在收集原因的时候，应尽量面面俱到，不要遗漏任何要点；分析原因的时候，要对各要素进行全面分析，从中抓住重点原因，找到问题的关键和根本。

（3）设计对策。

找到原因后，根据实际情况，设计对策。在设计对策的时候，要考虑对策的可行性和执行成本，尽量设计一个能够尽快落地的好操作的方案。

（4）解决实施。

解决实施是最后一步，这一步可以验证前面步骤是否合理。如果问题没有得到顺利解决，意味着前面的步骤出现了问题，需要返回去重新开始，直到问题顺利解决为止。

3. 口语练习与沟通、换位、同理心

外语口语练习的主要作用是帮助练习者掌握该门语言，以便与同样说这门语言的人进行沟通和交流。口语也是外语学习的重要内容，其作用和意义对管理有很大的启发。

对于管理者来说，可以从外语学习中提取"沟通""换位"与"同理心"等关键词。这些关键词是外语学习的作用和意义，也是管理者应具备的能力。

（1）沟通能力。

语言是人类非常有效的沟通载体，学习外语的主要目的就是与别人流畅沟通。可以说沟通能力是外语的基本学科能力。

在管理中，沟通同样非常重要。

有数据显示，在企业中，管理者花费了大量的时间用在沟通上，企业中的沟通无处不在，谈判、报告、拜访等都可以看作沟通；企业中不少的问题都是因沟通不畅引起的。无论是领导力、执行力还是工作效率等，归根结底都与沟通有关。因此，提高管理者的沟通能力非常重要。

管理者可以通过以下步骤，提高自己的沟通能力。

第一步，确认信息。确认信息是沟通中首要的一步。很多时候，沟通不畅，是因为大家掌握的信息不一样，将同一件事变成两件或多件事，最后只能变成你说你的，我说我的，谁也不认同他人，到最后不欢而散。

因此，一开始就要和对方确认信息，确认两个人聊的是同一件事情。在确认信息的时候，可以这样做：首先，重复对方的需求；其次，

遇到有疑问的地方及时询问，确保双方充分理解；最后，再与对方确认，这样理解是否正确。通常这样就能保证双方对需求的理解一致。另外，询问对方能帮助双方梳理思路，明确目的。

第二步，减少对抗。在企业中，可能经常能听到这样的话："你们部门怎么总是推卸责任""你们什么时候可以把这个工作做完""你们怎么老是出现这样的问题"。人们经常被冠以各种身份，然后被划分到各种阵营。若沟通的时候陷入各种身份，就会引发部落效应（丹尼尔·夏皮罗在《不妥协的谈判》中指出，对身份的威胁会引发部落效应。这是一种对抗的心态，让你的身份与另一方势不两立：有我没你，不是我们，就是他们。最有可能出现这种心态的场合，是帮助集体保护本族人免受外部威胁)，沟通就变成了谈判，谈着谈着就变成了对抗。

要想打破这种对抗的局面，可以运用以下方法。一方面，在话术上加一些小技巧，如，将"你们""我们"改为"咱们"，将对方"纳入"自己的阵营，表明大家都是为了一个目标而努力。另一方面，在肯定和赞扬对方的想法下提出自己的意见，如"这个想法让我眼前一亮，很有创意，但我觉得是不是操作起来有些困难？咱们要不要再改进一下？"

第三步，多陈述客观事实，少臆测对方的想法。很多人想当然地认为对方也拥有自己的知识背景，所以总说"我觉得""我认为"。其实，即使在同一家企业的同一个项目组里工作，每个人的阅历经验也是不相同的，因此在与对方沟通的时候，应尽量陈述客观事实，而不是臆测对方的想法，强求对方这样做那样做。

第四步，了解沟通背后的需求。其实，无论什么样的沟通，背后都有需求的支撑，正是因为有需求，沟通才成立。管理者在与他人沟通的时候，如果能提前知道对方的需求，则可以提前做好应对策略；如果不能提前知道，则要在沟通中注意对方的表达，进一步了解对方的需求。

第五步，提供方案。沟通的目的和有效结果是提供方案。人的思维都是发散的，如果不给出详细确定的方案，会使方案的讨论变得无穷无尽；另外人们倾向于回答简单的问题，因此，最好是给几个确定的详细的方案供对方选择。

（2）换位思考能力。

学习别的国家的语言时，人们不得不站在那个国家的人的语境和思维中思考问题。这种特性也决定了外语换位思考的学科特征。而这种换位思考正是管理所必需的，它能在管理中起到非常重要的作用。

《了不起的盖茨比》里有一句话道破了换位思考的真相："在你想要评判别人之前，要知道很多人的处境并不如你。"确实，很多管理者经常指责和批评员工，认为他们应该做得更好，更努力。殊不知，这已经是员工最努力的结果了，管理者没有站在员工的处境中替员工考虑问题。

在管理中，管理者要进行换位思考。

首先，意识上要转换，管理者不应高高在上、盛气凌人，在遇到问题的时候，要有换位思考的意识。管理者要在适当的时候，站在员工的位置上思考员工为什么要这样做，有什么方法可以改变员工的想法等。只有做到意识上的转换，才算迈开了换位思考的第一步。

其次，行动上要转变，换位思考不是嘴上说说，而是要真正落到行动上。当员工遇到困难，管理者在换位思考后，要为其找到解决的对策，并制订实施方案，真正解决员工的困难，从而破解管理的难题。

最后，换位思考是对自己的要求，而不是对别人的指责。很多管理者知道换位思考的重要性。因此，他们在和员工交流的时候，经常强调换位思考的重要性，要求员工多站在管理者的角度想问题，用自己的标准苛求员工，自己却依旧我行我素。这样就本末倒置了。对于管理者而言，换位思考这个要求是给自己定的，而不是给别人定的。

（3）模仿与同理心思维。

在外语学习中，模仿是每个外语学习者的必经之路，如模仿老师的发音、模仿书本上的句型等，许多人通过模仿才一步一步掌握了外语学习的真谛。

这种模仿也可以进一步引申为同理心。20 世纪 20 年代，美国心理学家铁钦纳首次使用"同理心"一词，最开始指行为模仿（motor mimicry）。"同理心"一词与"同情"有所区别，同理心有感同身受之意，而同情并没有此意。现在一般将同理心理解为设身处地对他人的情绪和情感的觉知、把握与理解。

这种同理心思维在管理中尤为重要，管理者在修炼自身同理心的时候可以遵循以下几个步骤。

第一，关注人本身。在职场中，很多人遵循"对事不对人"的理念，在工作中只讲事，不论人。这当然是一种很好的工作习惯，但一个管理者，面对员工时，还是要多多关注员工这个人本身，并带着好奇和意识去观察他，了解想要的信息。如他想要表达什么，他在这里工作的感觉如何，他为什么要这样表达，他是怎么想的，对他来说什么比较重要，自己能为他做什么等。

第二，放下自我。这是修炼同理心最重要的一步，管理者如果面对员工时，还是带着厚厚的伪装，那么，很难对员工的情绪感同身受。员工也很难放下防备，将真实的想法告诉管理者。

第三，走入对方的内心。管理者可以用倾听、观察和感知等方式，真正走进员工的内心。

第四，准确描述对方的情绪。这是同理心思维的结果输出，当管理者做到以上三步以后，一般可以准确地描述对方的情绪。如果还是不能描述，那么，管理者就应该反思自己是否真的做到了以上三步。

同理心思维除了在上对下的管理中很重要，在多部门联动时，同样非常重要。在实际工作中，一个项目经常需要多个项目组协作才能完成。这时，各部门的负责人不能因为自己在这个项目中只起协助作用就不把这个工作当回事，而是要发挥同理心思维，把这个工作当成重要的工作。

例如，某公司最近开展了一个新项目，交给了 A 项目组。然而在具体执行的时候，A 项目组组长发现组内的人员并不能完全胜任这个工作，还需要擅长这一方面的 B 项目组的配合。于是，公司出面要求 B 项目组配合工作，当着领导的面，B 项目组的组长十分痛快就答应了帮忙的请求，还很大方地表示，同事之间相互帮忙是应该的，绩效奖励的事就以后再说，把工作做好才是最重要的。

领导觉得 B 项目组组长深明大义，又因为当下工作确实很多，就暂时没有给 B 项目组制订绩效奖励方案。

B 项目组一开始对这个新项目确实非常上心，配合度很高，几乎有求必应。渐渐地，他们发现这个工作的绩效奖励方案一直没有出来。这个工作也不是小组的分内工作，也就是说，完成了这个工作，顶多算协助 A 项目组完成了他们的 KPI（关键绩效指标），而自己项目组的 KPI 还需另外完成。

于是，B 项目组的成员变得消极懒散，不再愿意配合 A 项目组的工作了。

在这个案例中，虽然领导的做法有很大的问题，但也可以看出为什么部门之间容易有冲突，沟通困难，不愿意相互支持。究其根本原因，是部门管理者没有同理心思维，认为对方的工作不是自己的工作，没有义务帮助对方完成工作。

第三部分
"2"：判断项目
归属的分类法

第六章 设计、组织与制衡
——物理管理思维

物理的思维法很多，都能与管理建立起深厚的联系，一般来说有以下几种。

一、图像思维法与组织结构图

图像思维法指的是利用图像本身的数学特征来解决物理问题或表现物理意义。图像思维法使抽象的物理问题变得更加直观、可解。将这种思维法运用在管理中，可以使复杂的管理问题变得更加条理清晰，更容易解决。

1. 复杂的组织结构设计需要简化处理

组织结构设计指的是改造或者建立一个组织的过程，需要对组织中的责任、流程、权力等进行有效组合和协调。组织结构设计主要的作用有合理调配企业中的各种资源、满足客户的需要、实现企业的目标、为企业的高效运转提供基础。

组织结构需要设计的基本内容很多，包含职能设计、框架设计、协调设计、规范设计、人员设计、激励设计等。其因工程浩大、牵扯利益众多、方案复杂、执行难度大，常令很多管理者感到非常头疼。

如果有一种方法能对其简化处理，则能在具体的工作中提供很多便利。

2. 将组织结构图用于组织结构设计中

若将物理学科的图像思维法化用在组织结构设计上，可使组织结构设计过程相对简单、易于操作。

组织结构图可以将企业中的组织分成若干部分，并且清晰地表明各部分之间的各种关系，如上下级关系、资金流关系、资料传递关系、物流关系等。这些关系中伴随着管理者关心的信息流，管理者可以清楚地从其中获得想要的信息。

因此，在制作组织结构图时，可以将这些关系用各种符号标示出来，或者将其中的内在关系用另一张图画出来，以便清晰、准确地表达各个项目之间的真实关系。

3. 组织结构图的相关要素

组织结构图的类型是由组织结构决定的，一般来说，组织结构图可以分为直线型的组织结构图、职能型的组织结构图、直线职能型的组织结构图等。

其制作方式可以手绘也可以电脑制作，如果用电脑制作，可以选用VISIO、WPS Office、Microsoft Office Word 等办公软件，其中 VISIO 是一款较为实用的制图软件，效率高，且简单方便。

在制作组织结构图时，并没有固定的格式，管理者应根据企业的具体情况制订具体的、个性化的组织结构图。例如，某个企业的市场部分为产品部、广告部、市场拓展部、公关部、市场策划部、促销部、市场调研部，每个部门中，都配备一个主管，再配相应数量的专员，组织结构示例如图 6－1 所示。

二、守恒思维法与制衡思维

物理学中有许多关于守恒的定律，这些守恒的定律指的是自然界中某种物理量的值恒定不变的规律。而守恒思维法是根据守恒定律，避开状态变化的复杂过程，简化问题研究的方法。守恒思维法在生活中很多

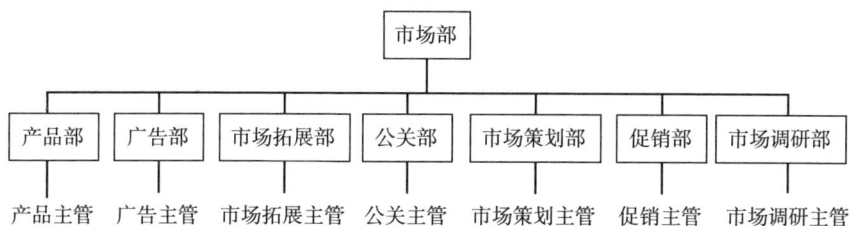

图6-1 组织结构示例

地方都可以用到，在管理中也不例外。根据守恒思维法，管理领域发展出了自己的制衡思维。

1. 制衡思维的发展阶段

制衡思维是一种权力的制约和平衡的思维。这里的制衡指两方或多方形成一种相互制约、保持相对平衡的状态。

制衡思维一共经历了以下几个发展阶段，如图6-2所示。

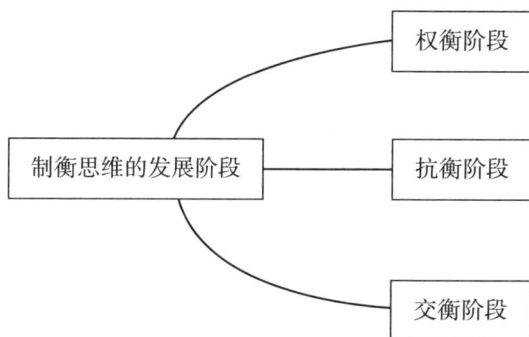

图6-2 制衡思维的发展阶段

（1）权衡阶段。

有人认为，"制衡"一词最早源于商鞅的"法者，国之权衡也"。也有人认为，"制衡"最早出现在《管子》中，因为其中有这样的表述，"桓公问于管子曰：'吾欲制衡山之术，为之奈何？'"

无论"制衡"出自哪里，这时候的制衡都带有权衡的意思，指的是权贵之间的平衡。这种制衡是通过法律来明确权贵之间的权力，使其不能使用权力随意剥削人。在这个阶段，法律是制衡得以存在的关键和基础。

（2）抗衡阶段。

抗衡阶段是以法国思想家孟德斯鸠的权力制衡思想为划分依据的。孟德斯鸠在《论法的精神》一书中指出：从事物的性质来说，要防止滥用权力，就必须以权力约束权力，形成一种能联合各种权力的政体，其各种权力既调节配合，又相互制约。

孟德斯鸠在考察了人类的政治史后，发现了一条普遍的规律：拥有权力的人，无不滥用权力。他们对权力的滥用，只有遇到界限的时候才会停止，否则，会一直滥用下去。因此，他提出了三权分立的思想，即用权力抗衡权力。因为除了权力以外，没有力量可以与权力抗衡，只能用权力监督权力。

所谓的三权，就是立法权、司法权和行政权。这三权应该分别由三个机构来掌握，三者之间相互形成制衡，这样才能避免专权和腐败。任意两种权力掌握在一个机构的手中，权力的制衡就会失败。

（3）交衡阶段。

交衡指的是交叉制衡。在实现交叉制衡的理想社会中，每个人都是某一社会利益的最高负责人，同时是别人掌控利益下的普通人。

举例来说，电信业的最高负责人和煤炭业的最高负责人，他们在自己的行业中，都是最高的负责人，但在对方的行业中，又都是普通人。这时，如果电信最高负责人想要涨价，他当然可以依照自己的意愿涨价。但煤炭业的最高负责人也可以通过煤炭业涨价的方式制约电信业，使其不能随意涨价。这种方式就是交叉制衡。

2. 公司制衡机制

制衡机制是一种关于权力的制约和平衡的制度。公司制衡机制是制衡机制中比较常见的一种，是制衡思想在企业管理中的有效运用。公司制衡机制又分为外部制衡机制和内部制衡机制。

（1）外部制衡机制。

外部制衡机制是外部力量对公司的制衡，其主要目的是确保股东和其他利益相关者的利益最大化的同时，确保经营者的经营权，在股东和经营者之间形成制衡，防止股东对企业管理的过度干预和经营者对企业的过度控制等问题。

这种制衡机制在欧美等公司的治理中较为常见，主要依靠外部市场如资本市场等对公司实施制衡。

（2）内部制衡机制。

内部制衡机制是依靠公司成员在公司内部实现制衡和控制，一般包括股东制衡机制和组织制衡机制。

其中，股东制衡机制指的是各股东通过合作等来实现平衡，防止出现超大股东利用自身的优势侵害中小股东的利益。一般认为股东制衡机制是公司制衡机制的内在基础。

组织制衡机制指的是通过企业内部的机构如股东大会、董事会、监事会等的组织和安排，实现股东和经营者之间的平衡。一般来说，组织制衡机制和外部制衡机制的联合是公司制衡机制的外在保证。

3. 制衡思维在管理实践中的作用

在企业经营中，管理者要学会制衡各方的关系和利益，因为平衡是一个团队管理的核心所在。制衡不是简单平均分配工作，而是在管理中巧妙地约束各方的权力。制衡思维在管理实践中的作用如图 6-3 所示。

（1）平衡各方利益。

现代企业一般都是以项目小组为单位进行日常管理的。因此，管理者要学会平衡各方的利益关系，以谋求整个企业的发展和稳定。

管理者需要从规章制度入手，建立一套相应的管理规则。这套规则的主要作用是"一视同仁"，告诉所有的员工，底线在哪里，边界在哪里，哪些事情能做，哪些事情不能做。让大家心中都有一个准绳，这

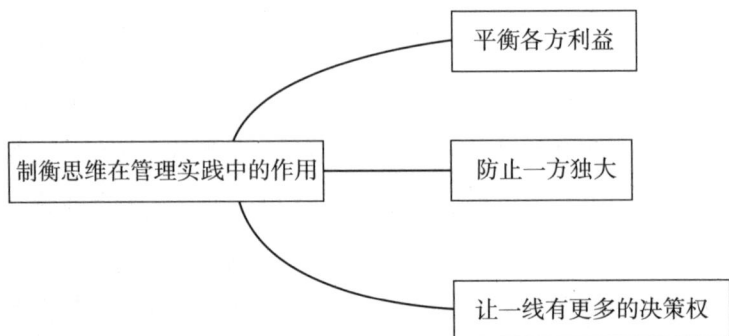

图6-3　制衡思维在管理实践中的作用

样，遇到问题时，管理者就可以依据这个管理规则着手处理，员工也没有异议，不会让人觉得厚此薄彼。

此外，管理者要从权力入手，让各个项目小组的负责人都有一定的权力决定本部门的事务。还要注意各部门权力之间的平衡和独立，尽量不要出现权力交叉的情况，以免落实责任时各部门负责人相互推诿扯皮。

（2）防止一方独大。

在企业管理中，最忌一方独大，当一方拥有绝对的权力的时候，很可能导致腐败的出现。对于管理者来说，一方独大也意味着失去团队的控制权和管理权。管理者要将制衡之法用在各个部门之间，让它们之间良性竞争，减少内耗，共同为企业的发展添砖加瓦。

（3）让一线有更多的决策权。

企业要从过去的集权管理，过渡到分权制衡管理，将更多的权力下放到一线中，让一线的管理者拥有更多的决策权，从而提高企业的工作效率。

一线的管理者与更高层的管理者相比，更接近消费者，更理解每个产品需要改进的点在哪里，做出的决策比坐在办公室里的高层可能更加实用和"接地气"。这样的员工应该拥有更多的权力，这样才能使企业的决策不至于"飘在天上"、不切实际。

三、模型思维法与 SWOT 分析法

物理的模型思维法指将复杂的物理过程或者研究对象，建成物理模型进行研究。

在管理学中，有一种战略分析方法中蕴含的思维方式和这种物理的模型思维法很相似，即 SWOT 分析法，其是通过建立模型对事物进行研究的方法。

1. 管理中模型思维法的四个步骤

在管理中，模型思维法的四个步骤如图 6-4 所示。

点状思维 —— 逻辑思维 —— 结构思维 —— 模型思维

图 6-4　模型思维法的四个步骤

（1）点状思维。

点状思维一般出现在新上任的管理者身上，这些管理者刚开始接触管理工作，没有太多的管理经验和管理思维，只有一些零散的关于管理的知识点和管理直觉，不成体系，这些知识点相互之间没有关联、散落在大脑的空间里。在实际管理工作中管理者不能随时调用它们，随时可能会忘记相关知识点。

（2）逻辑思维。

如果一位管理者拥有了逻辑思维，则表明这位管理者已经有了一定的管理经验，且入了管理的"道"了。管理的逻辑思维指的是管理者通过归纳或者演绎的方式将管理知识进行线性连接，并应用这些连接解决一些基础的管理问题。

（3）结构思维。

将多个管理逻辑知识点进行结构化处理，即可形成较为稳定的结构

思维。这种思维可以帮助管理者解决较为复杂的管理问题。管理结构思维不是随着管理者年限和经验的增加自然形成的，而是需要管理者在实践经验中不断总结、改进、优化，最后总结得出。

（4）模型思维。

管理的模型思维指的是以结构思维为基础框架，在其中填充碎片化的知识点或从其他学科中汲取关键知识点来填充，形成较为稳固的模型。这种模型需要左右脑协调记忆，掌握后牢记不忘。在实践管理中，模型思维的提取率和使用率都很高，能够帮助管理者快速高效解决复杂的问题。

2. 什么是 SWOT 分析法

SWOT 分析法是一种战略分析法，是由美国管理学教授韦里克在 20 世纪 80 年代初提出的，这种分析方法是一种态势分析法，通过搭建模型解决企业战略制定、竞争对手分析等问题。S（Strengths）是优势、W（Weaknesses）是劣势、O（Opportunities）是机会、T（Threats）是威胁。

SWOT 分析法主要可以分为两个部分，一部分是 SW，分析企业的内部条件；另一部分是 OT，分析企业的外部条件。使用者通过调查的方式将各项列举出来，再依照矩阵的形式排列，用系统分析的方法对各种因素加以匹配分析，从而得出有一定决策性的结论。这种分析方法可以对研究对象的处境进行全面、准确、系统研究。利用 SWOT 分析法可以从中找到对自身有利的因素，以及避开对自身不利的因素，找到解决方法、明确发展方向。SWOT 分析工具如表 6-1 所示。

3. SWOT 分析模型

在使用 SWOT 分析法时，管理者可以在确定内外部各变量的基础上，采用杠杆效应、抑制性、脆弱性和问题性这四个基本概念建立 SWOT 分析模型，如表 6-2 所示。

表 6 – 1   SWOT 分析工具

	内部优势（S）	内部劣势（W）
外部机会（O）		
外部威胁（T）		

表 6 – 2   SWOT 分析模型

	内部优势（S）	内部劣势（W）
外部机会（O）	杠杆效应	抑制性
外部威胁（T）	脆弱性	问题性

（1）杠杆效应（优势＋机会）。

杠杆效应的产生需要内部优势和外部机会相适应。在这种情形下，企业可以利用自身的内部优势，撬动外部机会，让外部机会和自身优势充分结合，发挥更大的能量。需要注意的是，这样的机会一般是转瞬即逝的，企业要对机会保持一定的敏锐度，及时捕捉机会，获得更好的发展。

（2）抑制性（劣势＋机会）。

抑制性指当外部有机会的时候，正好遇上了企业内部有劣势。也就是说，外部的机会与企业自身的资源并不匹配，无法发挥出企业的优势。这时，就体现出了抑制性，即意味着影响、阻碍、控制等。在这样的情况下，企业就要思考如何将内部的劣势转变为优势，以把握住外部的机会。

（3）脆弱性（优势＋威胁）。

当企业的内部优势遇上外部的威胁时，就表现出了脆弱性。因为这时企业的优势得不到发挥，优势程度在减弱，造成"优势不优"的局面。企业要想改变这种脆弱的局面，就要想办法克服外部威胁，使自身的优势得到发挥。

（4）问题性（劣势＋威胁）。

企业的内部劣势遇上外部威胁，是糟糕的一种情况。这时，企业会面临严峻的挑战。企业要及时调整自身的状态，积极应对挑战。这样，才能在威胁中赢得一线生机。如果处理不当，企业很有可能破产。

SWOT 分析模型如图 6 - 5 所示。

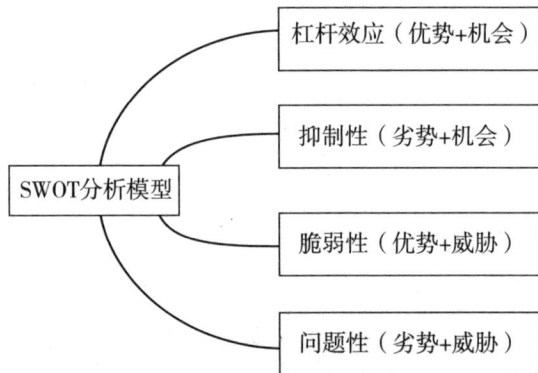

图 6 - 5　SWOT 分析模型

四、物理思维管理模式：5W2H 分析法

最能体现物理思维管理模式的是 5W2H 分析法。

根据百度百科，5W2H 分析法又叫七问分析法，该分析法简单、方便，易于理解、使用，富有启发意义，可广泛用于企业管理和技术活动，对于决策和执行性活动措施也非常有帮助，也有助于弥补考虑问题的疏漏。

5W2H 分析法用 5 个 W 开头和 2 个 H 开头的英文单词向人们发问，从而帮人们发现解决问题的线索和思路，这几个问题之间环环相扣，层层递进，极具逻辑性和思辨性。5W2H 分析法如图 6 - 6 所示。

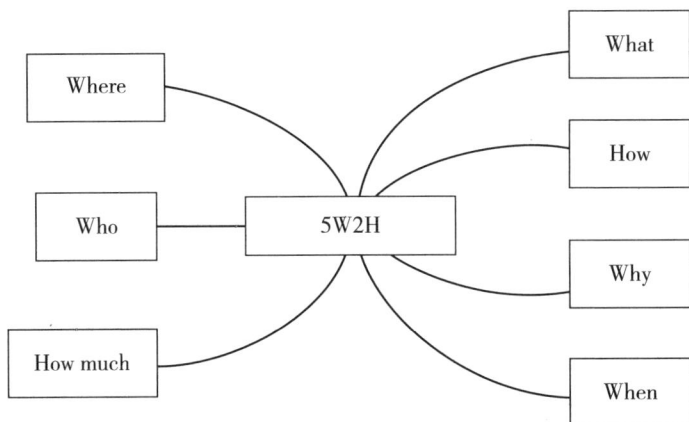

图 6 - 6　5W2H 分析法

步骤 1：What？（什么？）

例如，目的是什么？条件是什么？哪一部分工作要做？功能是什么？规范是什么？与什么有关系？工作对象是什么？重点是什么？

步骤 2：How？（怎样做？）

例如，怎样提高效率？怎样求发展？怎样做省力？怎样才能使产品更加美观大方？怎样做最快？怎样改进？怎样使产品用起来方便？怎样得到？怎样避免失败？怎样增加销路？

步骤 3：Why？（为什么？）

例如，为什么要这样做？为什么采用这个方案？为什么不能那样做？为什么停用？为什么要加入这个环节？为什么要减去这个环节？为什么非做不可？

步骤 4：When？（何时？）

例如，何时完成最合理？何时安装？何时准备？何时是最佳营业时间？何时产量最高？何时工作人员积极性最高？

步骤 5：Where？（何地？）

例如，销售点设置在何地最合适？何地有企业需要的原材料？安装在何地合适？何地的劳动力最便宜？何地运费最便宜？何地最适宜某物生长？何处生产最经济？从何处买？何地有资源？

步骤 6：Who？（谁？）

例如，谁来执行？谁来领导？谁是决策人？谁会生产？谁可以沟通？谁会受益？谁是顾客？谁被忽略了？

步骤 7：How much？（多少？）

例如，销售额多少？绩效是多少？成本有多少？高度有多少？效率有多高？时间有多少？技术人员有多少？

这个方法可以处理工作与生活中的许多问题，尤其适用于综合性的工作，能够培养人员全面严谨的思维方式，并且这个方法并不复杂，即使没有系统学过管理学的人也能轻松掌握。用一句话概括就是，什么原因（Why）导致什么事情（What）需要什么人（Who）在什么时间（When）和什么地点（Where）用多少预算（How much）和什么方法（How）完成？

小 D 是一家公司新入职的员工，某天，领导派给他一个任务，让他为一款即将上市的产品设计一个调查问卷。小 D 一头雾水，不知道从何入手。

他只能硬着头皮自己瞎琢磨，他按照自己的理解罗列了很多问题，并把这些问题交给领导看，但是领导并不满意。于是领导指导他："你提出的问题中，这两个问题是重复的，而类似'顾客为什么会选择这款产品'的问题又没有体现出来。如果你实在不知道怎么罗列问题的话，我建议你试试 5W2H 分析法，从那里你能找到答案。"

小 D 按照领导所说，学习了 5W2H 分析法，并按照里面的提问方法设计调查问卷，问卷设计好后，他自己觉得很满意。于是，他自信满满地将这个调查问卷交给领导看，领导看后夸奖了他。以后有类似这种设计调查问卷的工作，领导都交给小 D 来执行。

小 D 是按照以下思路设计调查问卷的。

What：你用这款产品做什么或这款产品能对你起到什么作用？

How：你觉得我们还需要怎样改进这款产品？

Why：你为什么会选购这款产品？

When：你一般在什么时候会使用这款产品？

Where：你一般在什么样的场景中使用这款产品？

Who：你会向谁推荐这款产品？

How much：你认为这款产品的定价如何，是否在你的接受范围内？

第七章　复盘、迭代与革新
——历史管理思维

中国社会科学院研究生院卜宪群教授认为：历史思维能力，就是以史为鉴、知古鉴今，善于运用历史眼光认识发展规律、把握前进方向、指导现实工作的能力。①

评论员李正义认为：历史思维即思维的历史方法，这是人类思维的基本方法之一，是把人类过去、现在和未来贯通起来思考问题的根本方法和总的视野，可以为总结历史规律、理性分析现实、探寻未来发展提供科学的思想武器。历史思维突出了历史的生成过程，以"从过去到现在、从现在到未来"的动态思维去看待历史。

一、以史为鉴与复盘

早在《诗经》中就有"殷鉴不远，在夏后之世"的说法。此后，晋代的葛洪在其编著的《抱朴子》中指出："前事不忘，将来之鉴也。"《新唐书》中这样写道："以铜为鉴，可正衣冠；以古为鉴，可知兴替；以人为鉴，可明得失。"

何为"以史为鉴"？简单地说，就是以历史上的事作为借鉴。再简单一点，其实就是复盘历史事件，从中吸取经验教训。

---

① 赵凡. 不断提高历史思维能力——在鉴古知今中更好走向未来［N］. 光明日报，2019 - 7 - 10（6）.

1. 什么是复盘

复盘本身是一个围棋术语，指的是棋手在对局完毕后，对刚才的棋局进行复演，分析优劣得失，一般用以自学。对于棋手来说，平时训练的时候，绝大多数时间都花在了复盘上，而不是和别人对弈。

如今，"复盘"这个词被引入管理学，并被广泛使用。在管理中，复盘指从过去的工作中学习，不断总结经验、提升能力、改善绩效等。简单来说，就是做完一项工作后，如果成功了，就分析成功的原因是什么，有什么经验可以带到下次的工作中去；如果失败了，就反思在哪一步出了问题，为什么会出问题，将这个过程理一理，以便下次再做的时候，能够吸取教训。

2. 为什么要复盘

复盘的主要作用如图 7 - 1 所示。复盘可以帮助人们从过去的工作中总结经验教训，改正错误，巩固成功。因此，在工作中复盘，是极有必要的。

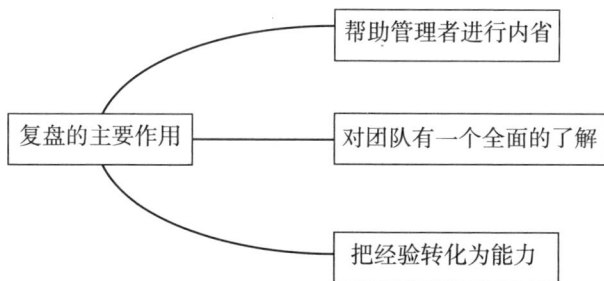

图 7 - 1　复盘的主要作用

（1）帮助管理者进行内省。

复盘不仅仅是一个动作，还是一个管理工具。它能够帮助管理者内省、反思，从而发现工作中的疏漏，以及团队中存在的问题。必要时，还能够督促管理者改变现有的工作模式和工作习惯。

相比于成功的案例，失败的案例更需要复盘。因为从失败的案例中，往往能挖掘到更多正向的经验和价值，从而找到更大的提升空间。对于管理者来说，对失败案例进行复盘，能够避免在同一个地方犯错。

（2）对团队有一个全面的了解。

复盘的对象除了事，还有人。在复盘的过程中，管理者能够对团队中的人有更深入的了解和认识。每个人都有自己的长项和短项，通过复盘，这些长项和短项会更加清晰，管理者也因此能对团队有一个更加深入和全面的了解。当再次安排工作的时候，管理者就可以扬长避短，将每个人都安排在更加合适的岗位上。

（3）把经验转化为能力。

复盘对于管理者的能力提升有着相当大的作用。首先，复盘要求管理者有谦卑和开放的心态，对于很多管理者来说，这种心态正是他们欠缺的，频繁复盘有助于有意识培养谦卑和开放的心态。其次，复盘有一套科学的流程和方法，利用这一套流程和方法，管理者可以有节奏、有步骤地将参与复盘的人身上的经验变成能力。很多参与复盘的人事后都说到，得益于复盘这个行为，自己的统筹能力、分析能力、管理能力等都得到了很大提升。最后，复盘不仅适用于管理者，对项目组织来说，对其学习能力也有很大的提升作用。当人们将复盘这一工具植入项目，就能够逐步强化项目组织的学习能力，最后使这个组织成为学习型的组织。

3. 如何复盘

一般认为，复盘有四个步骤。首先，回顾目标，回顾最开始的目标是什么；其次，评估结果，即对照一开始的目标，确定所获得的结果完成度有多少；再次，分析原因，即这件事情成为这样（成功或失败）的原因是什么，一般可以分为主观和客观两个方面；最后，总结经验，即从这个事情中获得了哪些经验，以后要继续哪些措施，叫停哪些项目等。复盘工具如表7-1所示。

表 7 - 1 复盘工具

序号	项目	完成情况
1	回顾目标	
2	评估结果	
3	分析原因	
4	总结经验	

根据这四个步骤，复盘又可以拆分成八个具体的流程，如图 7 - 2 所示。

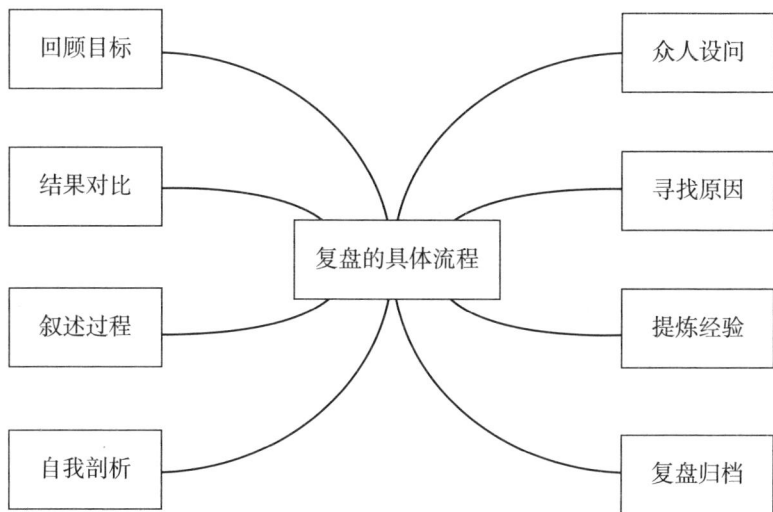

图 7 - 2 复盘的具体流程

（1）回顾目标。

复盘需要回顾这件事情的目标，并将这个目标清晰明确地展示出来，以便时时提醒参与复盘的人员，防止大家中途偏离这个目标。

（2）结果对比。

将事件的结果也清晰明确地展示出来，并放置在目标旁边。将结果和目标进行对比。一般来说，可能产生四种对比结果，分别是：结果和目标完全一致，完成了所设的目标；结果超过了目标，很好地完成了预期的目标；结果没有达到目标，比预期的要更差；结果偏离了目标，做了预期没有的事情。进行结果对比时，不要过分强调差距，而要将重点放在发现问题上。

（3）叙述过程。

叙述过程就是对复盘事件的过程进行叙述，叙述主体可以是管理者，也可以是其他参与复盘的人员。叙述过程的目的是让所有人员都知道事件的发展经过，让他们有共同讨论的基础，不至于浪费时间在基础的信息问题上。

（4）自我剖析。

参与复盘的人员可以就自己在整个事件中的表现进行剖析。自我剖析时要坦诚和客观，最好不要给自己留情面。自我剖析的目的是找到问题所在，搞清楚是自己负责的环节出了问题，还是别的什么环节出现了问题。

（5）众人设问。

众人设问就是通过大家对事件的可能性进行设问，探索这个事件的边界在哪里，以及成功的可能性有多少。一般来说，众人设问可以突破个人认识的局限性，多维度、多角度地讨论问题。

（6）寻找原因。

对案例的结果进行分析，并分析事情变成这样的原因。当结果是成功时，主观原因是什么，客观原因是什么，最关键的原因是什么；当结果是失败时，主观原因是什么，客观原因是什么，最根本的原因是什么。

（7）提炼经验。

提炼经验是指找出在复盘过程中参与者能够学到的东西，如提炼方法论和培养可以迁移的能力。提炼经验的核心是将这些经验固化下来形成模板，以便以后持续优化。一些常见模板工具有 SOP（标准操作程序）和清单等。

SOP 是将事件的标准化操作流程用统一的格式描述出来，如操作流程、工作流程等，这些总结出来的流程可以用来指导和规范日常的工作。

清单一般用于重复性的项目，如待办事项、检查事项、购物清单等。

（8）复盘归档。

将案例进行归档，并做好标识，以便未来需要的时候可以及时调用。

二、革新与迭代思维

革新有改革、更新、变革之意。历史上，充满了革新的事件。如春秋时期的管仲改革，战国时期的商鞅变法，北魏时期的孝文帝改革，北宋时期的王安石变法等。每一次革新的背后，都隐藏着当时极大的社会矛盾，这些革新是社会发展的必然结果。革新既解决了原来的矛盾，又使社会发生了新的变化。

这种革新的思维放在管理中，就成了迭代思维。

1. 迭代思维的特征

迭代有更相代替、轮换的意思。迭代思维方式最早源于计算机软件领域，随着知识服务的不断普及化和扩大化，这种迭代的思维也被引入知识产品服务活动中，在管理中也得到了广泛的运用。

迭代思维有以下几个特征，如图 7-3 所示。

图 7-3　迭代思维的特征

（1）目标的不确定性。

迭代思维在运用过程中，与外界有很强的交互性，目标受环境的影响很大。因此，输入的需求和输出的信息本身有不确定性，需要对其进行识别、判定、修正等。最好能够围绕着目标不断地引入和修正环境的输入和输出信息，使目标能够进一步明确化。

（2）行为的试探性。

这种思维方式在解决问题的时候，面对目标，会不断地逼近、尝试、选择和排除等，因此，需要人们不断地调试、检测、检验等。解决问题这个行为就变成了一个探索和试探的过程。

（3）过程的周期性。

迭代的过程中充满了量变到质变的飞跃，每发生一次质变，就意味着产生一个新的周期，这些周期可以构成一个个循环，而周期间的节点则是可检验和控制的点。

2. 管理思维也需要迭代

在了解了什么是迭代思维之后，管理者应该意识到，无论是为了顺应时代的发展，还是引领时代的潮流，管理思维都是需要迭代的。

随着以5G为代表的虚拟技术、大数据技术、AI（人工智能）技术等的快速发展，各种产业的周期会变得越来越短暂、变化会越来越迅速，管理工作也相应变得扁平化，并且依托新技术的管理方法也不断推陈出新。迭代就发生在眼前，管理思维也需要迭代，如图7-4所示。

（1）将大数据用于管理中。

在实践中，管理者们不难发现，越来越多的大数据被用于管理实践。尽管很多管理者还在用老一套管理经验，认为大数据技术"就是花架子，看上去很厉害，实际上并没有太大的用处"，但在企业几乎被大数据渗透的今天，这种观点显然已经站不住脚了。

企业中关联的大数据包含方方面面，如运营大数据、销售大数据、税务大数据、人员信息大数据、财务大数据等，如果管理者不关注这些

将大数据用于管理中

管理思维需要迭代

积极创立新规则

接受现实，拥抱变化

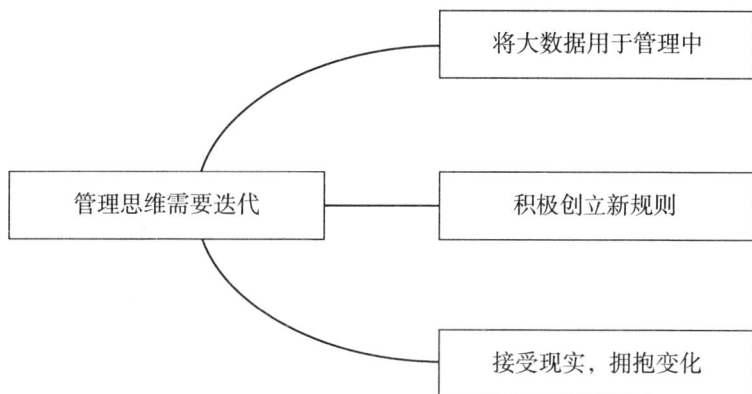

图7-4　管理思维需要迭代

大数据，就相当于画地为牢，将自己困在信息的孤岛上。只有挣脱困境，积极拥抱新技术，才能在迭代中把握一线生机，成为合格的管理者。

（2）积极创立新规则。

革新、迭代都意味着旧规则的落幕，新规则的创立。在变革中，是被动接受他人创造的规则，还是积极加入新规则创立的队伍？这是每个管理者都要考虑的问题。接受别人创造的规则当然没有问题，但是这样往往会失去主动权和先机，也无法表达自己的想法，管理者在具体的管理工作中会变得很被动。管理者如果积极参与创立新规则，不仅能够表达自己的管理理念，还能在管理工作中占得先机，更好地推进管理。

（3）接受现实，拥抱变化。

很多管理者，尤其是年长一些的管理者，面对外界的新事物和新变化，感到难以接受，还坚持自己的老一套做法。他们甚至把与自身理念一致的人员划为一个阵营，其他的则看成自己的"敌人"。这其实是一种非常没有必要又危险的做法，会无端地增加企业内耗，提升企业经营成本。面对外界的变化，最好的行动就是积极拥抱，用乐观的心态接受。

三、批判性思维

批判性思维是一种反思的思维，通过对思维方式的批判和反思，完成思维方式的改进和优化。这种思维方式在古希腊时期就已初见端倪。如爱利亚学派的芝诺通过"二分法""阿基里斯悖论"等论证来质疑运动的存在，这就是批判性思维的体现。自古以来文史哲不分家，这种思维方式在历史学习中也无处不在，"读史使人明智"的背后，有批判性思维的功劳。

1. 批判性思维与读史

很多人认为，要用批评性的思维读史，确实如此。一般认为，读史有以下三个层次，如图 7-5 所示。

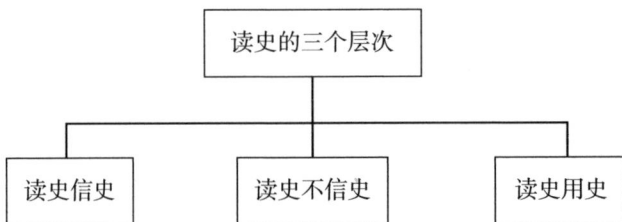

图 7-5　读史的三个层次

（1）读史信史。

第一层是读史信史，就是对书中的内容先不要深究它的合理性和正确性，姑且信之。这样，能对历史有一个大概的认识，了解其大致的轮廓。这是批判性思维的认识阶段。

（2）读史不信史。

第二层是读史不信史，就是在读史书的时候，对书中不合理的、模糊的地方提出质疑，再结合其他资料，推测作者这样写的原因，将批判性思维运用其中。这就是批判性思维的分析阶段。

（3）读史用史。

第三层是读史用史，就是将读史过程中产生的感悟、领悟应用到实际工作、生活和学习中来。这是批判性思维的使用阶段。

2. 读史与做管理

读史的层次正好可以用在管理中。管理者在管理的时候，也可以遵循这三个阶段。管理的三个阶段如图 7 - 6 所示。

```
            ┌─────────────────┐
            │   管理的三个阶段   │
            └─────────────────┘
                     │
      ┌──────────────┼──────────────┐
┌─────────────┐ ┌───────────────┐ ┌──────────┐
│用管理的思维做管理│ │用批判性的思维做管理│ │用直觉做管理│
└─────────────┘ └───────────────┘ └──────────┘
```

图 7 - 6　管理的三个阶段

（1）用管理的思维做管理。

这一阶段对应着读史信史，即管理者用大众流行的、平时习惯的管理方式做管理。管理者应先对管理有一个基本的认识，知道管理的基本要素、基本步骤、注意事项等有什么。在这一阶段，管理者要使自己成为一个一般意义上的管理者，如根据绩效计划为员工制订计划，根据员工的能力为其安排合适的工作等。

（2）用批判性的思维做管理。

这一阶段对应着读史不信史，就是管理者对自己使用的管理理论、管理思维等产生一定的质疑。要注意，这种质疑不是盲目的，更不能为了质疑而质疑。管理者应结合自己的实际管理工作，用经验反推管理理论和管理思维，找到其不合理之处，再将批判性思维运用其中，分析产生不合理之处的原因：是管理理论和管理思维本身就有漏洞，还是这种外来的管理理论和思维在本土化的过程中"水土不服"？管理者要能利用自己的经验和智慧，修正管理理论和管理思维。

（3）用直觉做管理。

这一阶段对应着读史用史，就是说管理者在经历了相信和使用管理理论和管理思维、质疑和修正管理理论和管理思维后，对管理理论和管理思维有了自己的准确认识和直觉思维。管理者已经将管理理论和管理思维内化进自己的思想体系中，形成了自己的管理哲学，在很多时候，仅凭自己的直觉就能做管理。

四、找方法与内向型思维

纵观历史长河，可以发现，发展其实就是一个不断出现问题、不断解决问题的过程。

在历史上留下姓名的伟人们，都是找方法的高手。例如，秦始皇"奋六世之余烈，振长策而御宇内，吞二周而亡诸侯，履至尊而制六合，执敲扑而鞭笞天下，威震四海"，实现了国家的大一统。

找方法解决问题的思维其实就是内向型思维，这种思维可以用于管理之中。

内向型思维与外向型思维相反。拥有内向型思维的人遇到障碍和挫折时，一般都先从自己身上寻找原因。自己的思路是这样，首先，接受这个事实，停止指责别人和寻找外在的理由；其次，对这个事情进行复盘和反思；再次，寻找解决办法和改进方案；最后，承担责任，解决问题。

内向型思维是找方法的思维。对于内向型思维的人来说，自己的思维方式是这样的，如果改变不了外在，就改变内在；如果改变不了风向，就改变风帆；改变不了别人，就改变自己。成功的人找方法，失败的人找借口。

遇到障碍和挫折时，拥有外向型思维的人倾向于向自身之外寻找原因和理由，久而久之，就变得爱找借口，不愿意承认自己的错误，不喜欢自我反省。这样的人很难成功。如果一个人是极端外向型的人，作为员工，他很难被领导重用；作为管理者，他很难被令员工信服，进而也很难带好团队。

五、经验萃取

根据百度百科，萃取是一个化学概念，又称溶剂萃取或液液萃取，亦称抽提，是利用系统中组分在溶剂中有不同的溶解度来分离混合物的单元操作，是利用物质在两种互不相溶（或微溶）的溶剂中溶解度或分配系数的不同，使溶质物质从一种溶剂内转移到另一种溶剂中的方法。萃取广泛应用于化工、冶金、食品等行业，通用于石油炼制工业。将萃取后两种互不相溶的液体分开的操作，叫作分液。萃取是有机化学实验室中用来提纯和纯化化合物的手段之一。通过萃取，人们能从固体或液体混合物中提取出所需要的物质。

这个化学概念广泛地和经验结合起来。成为一个重要的历史管理思维。经验萃取，指的是对于经验的提纯，这是人们对待历史的态度之一。历史上，发生了很多的事情，这些事情不应该被人们抛弃在故纸堆里，埋没在历史长河中。人们应该将这些好的、坏的、难以磨灭的历史经验教训萃取出来，作为一项有用的工具指导如今的生活。

在管理中，也应该用这样的态度对待过去的管理经验。将萃取用于管理经验的提纯中。因为经验萃取在具体的管理工作中非常关键，只有将以前的经验萃取、提纯、存档，这些经验才能成为能力，为团队所用。

目前来说，管理者大体上可以分为自主萃取型和萃取专家经验型。前者能做好管理，并能直接将管理中的经验提纯萃取；而后者可能在管理中有不错的成绩，却对独立萃取经验这件事情无能为力，需要相关专家的帮助。本着"授之以鱼，不如授之以渔"的观念，笔者认为，管理者最好能学会如何萃取经验。

一般来说，经验萃取可以分为以下五个步骤，如图7-7所示。

```
        ┌──────────────┐
        │   确认主题    │
        └──────┬───────┘
               │
        ┌──────┴───────┐
        │ 根据主题拆分场景 │
        └──────┬───────┘
               │
        ┌──────┴───────┐
        │ 根据场景萃取经验 │
        └──────┬───────┘
               │
    ┌──────────┴──────────┐
    │  将经验转变为工具和案例  │
    └──────────┬──────────┘
               │
        ┌──────┴───────┐
        │   归档案例    │
        └──────────────┘
```

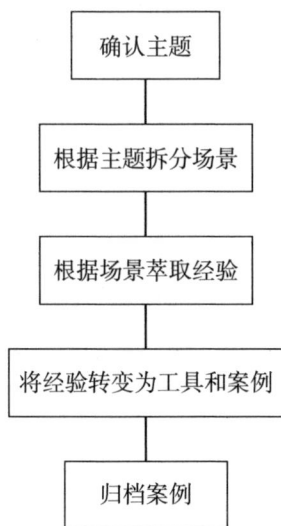

图 7-7 经验萃取的五个步骤

1. 确认主题

萃取经验首要的是确认萃取的主题。很多人经常将"萃取经验"挂在嘴边，无论遇到什么事情都要"萃取"，这是没有必要的，实际上这是对"萃取"一词的滥用。对于管理者来说，确认萃取的主题是非常关键的，这有助于明确目标，提高效率。管理者可以从自己的职责入手，将工作职责作为经验萃取的主题。例如，管理者可以将如何分解部门绩效任务、如何激励员工等作为经验萃取的主题，再在这些主题的基础上，将经验萃取这个动作做熟、做透。

2. 根据主题拆分场景

在确认好大的主题之后和萃取经验之前，还要做的一个重要步骤就是将大主题拆分成一个个小场景，再从小场景中进行具体萃取。因为管理经验往往蕴含在实际的管理小场景中。这些小场景可以是一个具体的管理事件。一般来说，一个主题可以拆分成十来个具体的管理场景。管理者还要对拆分出的场景进行重要性排序和分类，以便最后形成一个成果一目了然的思维导图。

3. 根据场景萃取经验

很多管理者其实在管理中很有一套方法，但提到萃取经验就觉得"头大"，主要原因是他善于做，却不善于说。这种性格不利于萃取经验，管理者要走出自己的舒适区，锻炼自己的表达能力。

根据场景萃取经验时，具体可以遵循以下步骤，如图7－8所示。

```
┌─────────────┐
│   还原场景    │
└─────────────┘
       │
┌─────────────┐
│   把握细节    │
└─────────────┘
       │
┌─────────────┐
│   提炼方法    │
└─────────────┘
```

图7－8　根据场景萃取经验的步骤

（1）还原场景。

管理者根据前面提炼出来的场景，选择一个进行深度还原，在还原时要注意抓住重点。萃取的本质是提取精华，并不是所有经验都值得萃取。如果萃取的是大量粗糙的、没有经过沉淀的经验，那么，耗时耗力不说，萃取的效果也不会太好。这样一来，萃取就失去了意义。

（2）把握细节。

在具体的场景中，管理者要明确当时的具体工作细节，抓住要点，找出场景中的易错点和闪光点。例如，针对一次比较成功的促销活动，管理者可以从操作诀窍、操作原理、操作关键、操作难点等方面把握具体细节。

（3）提炼方法。

要将这些工作细节提炼成可以操作的方法，这个过程中，可以借助一些直观的工具。例如，提供模型、整理话术、编成口诀、罗列清单、套用公式等。

4. 将经验转变为工具和案例

经验萃取成功后，还不能直接用于工作中，还需要对其做进一步优化处理。应将其转变成可直接使用的工具，如话术工具、计划工具、监督工具、盘点工具等。

在这些工具中，最好加上示例。最好写成案例式的文章，辅以引人关注的标题、短段落的对话、简练的陈述，这样更加易于后来的学习者阅读和学习。

5. 归档案例

将这些工具整理好以后，要为其制作目录，并整理归档，便于日后查阅使用。

第四部分
"4"：有力的思维方法论

第八章　创新、实验与催化
——化学管理思维

"化学"一词从字面解释，就是"变化的科学"，它同物理一样，都是自然科学中的基础科学。化学学科的研究层面一般在分子、原子、离子等微观层面，主要研究的是物质的组成、性质、结构与变化规律，主要依据的方法是实验。可以说，化学是连接微观世界和宏观世界之间的桥梁。

化学现象和化学思维在日常生活中无处不在。例如，平时做馒头的时候会在里面加入小苏打，因为小苏打能与面粉发酵时产生的酸起反应，产生二氧化碳，使馒头疏松多孔，有好的口感。又如，在管理中使用频率非常高的一个词"催化"，就来自化学，即用化学的思维提取经验。

一、创新思维与管理创新

在化学史上，人们对化学的认识和研究的过程中，充满了奇思妙想和创新思维。例如，人体中金黄色的尿液让德国炼金师何尼格·波兰特①脑洞大开，他认为使尿液变黄的是金属黄金，只要对尿液进行反复蒸馏就可以提取出黄金。然而，高温蒸馏之后，他并没有得到黄金，反而意外地发现了磷。他也因此成了发现磷元素的第一人。而磷的发现和

---

① 又译为布朗特。

在工业中的广泛应用，间接地推动了制造业的诞生和快速发展。

这种充满奇思妙想的研究和探索也被人们称为调酒师思维或创新思维，即在不知道结果的前提下，将各种物质组合搭配在一起，看看最终能获得一个什么结果。

这种创新思维被广泛地应用于管理中。企业的管理创新指的是在一定的条件下，通过一定的手段，如计划、组织、协调、指挥、控制、反馈等，实现对企业中的信息、资本、物质等资源要素的优化和配置。在企业管理创新的过程中，最重要的是管理者有完善的计划、坚定的执行力，以及对可能出现的障碍和困难的清晰认知。

对于企业来说，要想实现管理创新，可以从以下几个方面着手。

1. 提升管理理念

提升管理理念指的是管理者在管理团队和企业的过程中，观念开放，不拘泥于过去的管理理念，不断学习最新的管理理念，并从中吸取有益于自身的理念，优化和改进自己的管理理念和管理思路。对于一个项目负责人或者一家企业的管理者来说，这些管理理念是非常值得借鉴和学习的：一是自负盈亏的管理理念，即树立市场意识，自己对自己负责；二是竞争和合作的管理理念，现阶段，市场竞争白热化，形成竞争和合作的理念有利于团队和企业在市场中屹立不倒。

2. 追求以人为本

企业的关键组成部分是人和物，在企业管理中，既可以形成以物为中心的管理模式，也可以形成以人为中心的管理模式。以物为中心的管理模式容易走向"以人为本"的对立面，事事以物为主，忽略了人在其中的关键作用。而以人为中心的管理模式则充分肯定了人在企业中的关键作用，照顾到人的同时，也能充分发挥人在企业中的创新作用，使企业的创新成为可能。同时，更加人性化的工作环境，更容易吸引志同道合的人加入。

3. 培养管理人才

若想使管理创新成为可能，企业就要建立企业管理人才队伍，培养充满创新精神的、职业化的管理人才。企业是人的企业，企业的成功和发展需要人的推动。企业培养的管理人才，将成为企业发展的有力后备军，帮助企业在发展的路上越走越远。

4. 简化组织机构

灵活和扁平化的组织机构是企业在市场中赢得竞争的关键，纵观各类企业，很多企业转型或者创新失败的原因是组织机构太过臃肿，管理者无法很好地调度其中的资源，因此，简化组织机构势在必行。简化后的企业，更能集中精神和力量推动项目的发展，企业的创新力自然就跟上步伐。

二、管理实验

实验指的是人们根据一定的目的，尽可能排除外界影响，突出实验中的主要因素，并利用一些专门的仪器设备，人为地变革、控制或模拟研究对象，使某一些事物（或过程）发生或再现，从而认识自然现象、自然性质、自然规律。实验是科学研究的基本方法之一。实验在化学学科中必不可少，化学研究的主要依据就是实验。

历史上著名的化学实验有很多。有些实验的发现改变了人们对自然的认识，间接地促进了工业化进程，对人类社会进步的意义重大。

卡尔·威尔海姆·舍勒是一位知名的瑞典化学家，生于1742年，他是氧气的发现者之一。此外，他还有很多别的贡献，例如，从柑橘中提取出了柠檬酸，对二氧化碳、一氧化碳、氯化氢、二氧化氮等多种气体进行了深入的研究。

在舍勒出生的那个年代，人们并不知道空气的组成成分。舍勒发现，若给燃烧的蜡烛盖上玻璃罩子，蜡烛燃烧一会儿就熄灭了；若将玻璃罩子中的空气抽去，蜡烛立刻就会熄灭。空气中到底有什么成分呢？

舍勒对这个问题产生了浓厚的兴趣。

为此,他找来了很多的化学物质,在密闭容器中不断地进行实验。

有一天,舍勒将一块白磷放进空烧瓶中,塞上瓶塞,从外面加热。不一会儿,白磷迅速地燃烧起来,发出火光,冒出白烟。等火熄灭,空烧瓶冷却后,瓶壁上留下了一层白色的物质。

舍勒将空烧瓶倒置在水中,拔出瓶塞。这时,发生了一件奇怪的事,水位上升到烧瓶的 1/5 处后,就不再上升。舍勒觉得很奇怪,又做了几次实验进行验证,发现都是这样的现象。

这是怎么回事,空气中的 1/5 去了哪里,剩下的 4/5 又是什么,难道跟消失的 1/5 不是一样的空气?

顺着这个思路往下研究,舍勒又设计了很多个不同的实验,最终发现了氧气的存在。

这种研究实验的精神和原则在管理企业中同样很适用。有企业家认为,管理企业就是管理实验,因为企业家要随时根据经营的结果调整行动,做出相应的实验设计。在管理学史上,也有几个著名的管理学实验,对管理学的发展提供了非常重要的借鉴意义。

1. 弗雷德里克·温斯洛·泰勒的三个管理学实验

在管理学史上,有三个很有名的实验,即 1881 年开始泰勒进行的金属切削实验、铁锹实验、搬运铁块实验。在第一次工业革命后,产业极速扩张,工厂的劳动效率急需提高,而这三个实验是为了研究如何提高人在组织中的工作效率,泰勒认为"把工作设计交给工人,实际上是一种不负责任的做法"。他设定员工是"经济人",主张组织通过管理工作实现对人的管理,这也是泰勒所认为的组织管理要完成的工作。从此之后,管科学科科学化,泰勒也成了古典管理学的核心人物。自此管理拥有了科学之名,泰勒奠定了管理学古典管理理论阶段的核心内容。

(1)金属切削实验。

1898—1901 年,泰勒受雇于伯利恒钢铁公司(Bethlehem Steel Company），取得了一种高速工具钢的专利。1901 年后，他以大部分时间从事咨询、写作和演讲等工作，来宣传他的一套管理理论——"科学管理"。1881 年在米德韦尔公司，为了解决工人的怠工问题，泰勒进行了金属切削实验。他自己具备一些金属切削的作业知识，于是他对车床的效率问题进行了研究，开始了预期六个月的实验。在用车床、钻床、刨床等工作时，要决定用什么样的刀具、多大的速度等来获得最佳的加工效率。这项实验非常复杂和困难，原定六个月的实验实际用了 26 年，花费了巨额资金，耗费了 80 多万吨钢材，总共耗费约 15 万美元。最后在巴斯和怀特等十几名专家的帮助下，实验取得了重大的进展。这项实验还获得了一个重要的副产品——高速钢的发明及其专利。

实验发现了能大大提高金属切削机工产量的高速工具钢，并取得了各种机床适当的转速和进刀量以及切削用量标准等资料。金属切削实验为他的科学管理思想奠定了坚实的基础，使管理成了一门真正的科学，这对以后管理学理论的成熟和发展起到了非常大的推动作用。

（2）铁锹实验。

1898 年，泰勒受雇于伯利恒钢铁公司期间，进行了著名的铁锹实验。他系统地研究各种不同的锹的负载后，研究各种材料能够达到标准负载的锹的形状、规格，以及各种原料装锹的最好方法的问题，对工人的工作进行了改进。

铁锹实验是工具标准化的典型事例。伯利恒钢铁公司有一项铲掘煤粉和铁砂的工作，早先工厂里工人干活是自己带铲子。铲子的大小也就各不相同，堆料场中有铁矿石、煤粉、焦炭等，铲这些不同的原料时用的却都是相同的工具，这导致在铲煤沙时重量如果合适的话，在铲铁砂时就过重了。

当时，不管铲取铁石还是搬运煤炭，都使用铁锹进行人工搬运，公司雇用的搬运工高达五六百名。每个工人的日工作量为 16 吨。他们铲掘铁砂时，平均每锹的重量远远高于铲掘较轻的煤粉时每锹的重量。

在一次调查中，泰勒发现搬运工一次可铲起 3.5 磅① （约 1.6 千克）的煤粉，而铁矿石则可铲起 38 磅（约 17 千克）。为了获得一天最大的搬运量，泰勒开始着手研究每一锹最合理的铲取量。

泰勒经过观察发现，由于物料的密度不一样，每锹的重量也不一样。如果是铁矿石，一铁锹有 38 磅；如果是煤粉，一铁锹只有 3.5 磅。那么，一铁锹到底负载多少才合适呢？经过反复试验，最后泰勒确定一铁锹 21 磅对工人是最适合的。泰勒意识到这一点后对铁锹进行了系统研究，并重新进行了设计，使每种铁锹的载荷都能达到 21 磅左右，使铲掘的工作效率最大化。

泰勒找了两名优秀的搬运工用不同大小的铁锹做实验，每次都使用秒表记录时间。最后发现，当一锹铲取量为 21.5 磅时，一天的材料搬运量为最大。同时泰勒还得出一个结论，工人在搬运铁矿石和煤粉时，最好使用不同的铁锹。此外，他还展开生产计划，以改善基层管理干部的管理范围。进一步地，他还设定了一天的标准工作量，对超过标准的员工，给予薪资以外的补贴，对达不到标准的员工，则要进行作业分析，指导他们的作业方式，使他们也能达到标准。

后来泰勒就不让工人自己带工具了，而是根据物料情况让工人从公司领取特制的标准铁锹，工作效率大大提高。

通过训练使用新的操作方法，工人每天的平均搬运量从 16 吨提高到 50 吨，劳动生产率成倍增长。根据试验的结果，泰勒针对不同的物料设计出 12 种不同形状和规格的铁锹。为此他还建立了一间大库房，里面存放各种工具，每个的负重都是 21 磅。同时他设计了一种有两种标号的卡片，一张说明工人在工具房所领到的工具和该在什么地方干活，另一张说明他前一天的工作情况，上面记载着干活的收入。工人取得白色纸卡片时，说明工作良好，取得黄色纸卡片时就意味着要加油

---

① 英美制重量单位，1 磅合 0.45359237 千克。

了，否则的话就要被调离。将不同的工具分给不同的工人，就要进行事先的计划，要有人对这项工作专门负责，需要增加管理人员，但是尽管这样，工厂也是受益很大的。结果，在三年以后，原本要五六百名员工进行的作业，只要140名就可以完成，材料浪费也大大降低。堆料场的工人从400名至600名降至140名，平均每人每天的操作量从16吨提高到了59吨，工人的日工资从1.15美元提高到1.88美元。据说这一项变革可为工厂每年节约8万美元。

泰勒因这项实验提出了新的构想：将实验的手段引进到经营管理领域。将工作的计划和执行分离，用标准化管理的方式实现人尽其才，物尽其用，这是提高效率的最好方法。

（3）搬运铁块实验。

1898年，泰勒从伯利恒钢铁公司开始他的实验。这个公司的原材料是由一组记日工搬运的，工人每天挣1.15美元，这在当时是标准工资，每天搬运的铁块重量有12～13吨，对工人的惩罚方法就是找工人谈话或者开除，对工人的奖励是选拔一些较好的工人到车间里做等级工，可得到略高的工资。

后来，泰勒观察研究了75名工人，从中挑出了4个，又对这4个人进行了研究，调查了他们的背景、习惯后，挑了一个叫施密特的人，这个人非常爱财并且很小气。泰勒要求这个人按照新的要求工作，每天给他3.85美元的报酬。通过仔细研究，泰勒转换各种工作因素，来观察它们对生产效率的影响。例如工人搬运时腰的状态、行走的速度、持握的位置和其他的变量。同时，通过长时间的观察试验，泰勒把劳动时间和休息时间很好地搭配起来，使工人每天的工作量可以提高到47吨，且工人并不会感到太疲劳。泰勒采用了计件工资制，工人每天搬运量达到47吨后，工资将升到3.85美元。这样施密特开始工作后，第一天很早就搬完了47.5吨，拿到了3.85美元的工资。于是其他工人也渐渐按照这种方法来搬运了，劳动生产率提高了很多。

泰勒把这项实验的成功归结为四个核心点。第一，精心挑选工人，让工人了解到这样做的好处，让他们接受新方法；第二，对他们进行训练和帮助，使他们获得足够的技能；第三，按科学的方法工作会节省体力；第四，泰勒相信，即使是搬运铁块这样的工作也是一门科学，可以用科学的方法来管理。

搬运铁块实验为泰勒的科学管理思想奠定了坚实的基础，使管理成了一门真正的科学，这对以后管理学理论的成熟和发展起到了非常大的推动作用。

2. 梅奥研究小组的三个实验

第二次工业革命后，以梅奥教授为首的一批心理学家接收了霍桑实验，做了包括福利实验、访谈实验、群体实验等的研究。这时，他们为了适应时代背景，将管理研究的重心从工作和工具转移到人本身。他们认为，人不仅是"经济人"，更是"社会人"，他们主要研究的方向是如何提高人在工作时的热情和积极性。这也是第二次工业革命之后，有人第一次用科学的方法研究组织行为对人的作用。

（1）福利实验。

1927 年，梅奥教授接受了邀请，成立并组织了一个由哈佛大学组成的研究小组，继续霍桑的第二阶段的福利实验。

实验时间为期两年，梅奥教授选出了六名女工在单独的房间里装配继电器，在实验的过程中不断为她们增加一些福利措施，如免费供应茶点、缩短工作日的工作时间、延长休息时间等。

这个研究小组原来设想的是，增加这些福利措施有助于刺激女工的生产积极性；而一旦将这些福利措施撤下，女工们的生产积极性和生产效率就会降低。研究小组在实验进行了两个月的时候取消了各项福利措施，然而，令研究小组意外的是，女工们的生产积极性和生产效率不但没有降低，反而上升了。研究小组调查后发现，是融洽的人际关系起了作用，这是使女工们生产积极性和生产效率提高的主要原因。

事后，经过进一步分析，研究小组发现，导致生产效率上升的主要原因包括以下两点。一是参加实验的光荣感和荣誉感。在实验开始前，这六名女工曾被领导叫去谈话，她们认为参加实验是很大的荣誉。这说明光荣感和荣誉感能促进人们的积极性。二是六名成员间建立了良好的关系。

最后研究小组得出了"改变监督与控制的方法能改善人际关系，能改进工人的工作态度，促进产量的提高"的结论。

（2）访谈实验。

既然实验表明管理方式与职工的士气和劳动生产率有密切的关系，那么就应该了解职工对现有的管理方式有什么意见，为改进管理方式提供依据。于是梅奥等人制订了一个征询职工意见的访谈计划，在 1928 年 9 月到 1930 年 5 月不到两年的时间内，研究人员与工厂中的两万名左右的职工进行了访谈。

在访谈计划的执行过程中，研究人员对工人在交谈中的怨言进行分析，发现引起他们不满的事实与他们所埋怨的事实并不是一回事，工人表述的自己的不满与隐藏在心灵深处的不满情绪并不一致。比如，有位工人表现出对计件工资率过低不满意，但深入地了解以后发现，这位工人是在为支付妻子的医药费而担心。

根据这些分析，研究人员认识到，工人关心自己的个人问题而会影响工作的效率。所以管理人员应该了解工人的这些问题，为此，公司需要对管理人员，特别是要对基层的管理人员进行训练，使他们成为能够倾听并理解工人的访谈者，重视人的因素，在与工人相处时更为热情、更加关心他们，这样能够促进人际关系的改善和职工士气的提高。

（3）群体实验。

群体实验是一项关于工人群体的实验，其目的是证实在以上的实验中研究人员似乎感觉到在工人当中存在着一种非正式的组织，而且这种非正式的组织对工人的态度有着极其重要的影响。

实验者为了系统观察在实验群体中工人之间的相互影响，在车间中挑选了 14 名男职工，其中有 9 名是绕线工，3 名是焊接工，2 名是检验工，让他们在一个单独的房间内工作。

实验开始时，研究人员向工人说明，他们可以尽力地工作，因为在这里实行的是计件工资制。研究人员原以为，实行了这一办法会使工人更为努力工作，然而结果出人意料。事实上，工人实际完成的产量只是保持在中等水平上，而且每个工人的日产量都是差不多的。根据动作和时间分析，每个工人应该完成标准的定额为 7312 个焊接点，但是工人每天只完成了 6000~6600 个焊接点就不干了，即使离下班还有较为宽裕的时间，他们也自行停工不干了。这是什么原因导致的呢？研究人员通过观察，了解到工人们自动限制产量的理由是：如果过分努力工作，就可能造成其他同伴的失业，或者公司会制定出更高的生产定额来。

研究人员为了了解他们之间能力的差别，还对实验组的每个人进行了灵敏度和智力测验，发现 3 名生产最慢的绕线工在灵敏度的测验中得分是最高的。其中一名最慢的工人在智力测验上是排行第一，灵敏度测验排行第三。测验的结果和实际产量之间的这种关系使研究者联想到群体对这些工人的重要性。一名工人可以因为提高他的产量而得到小组工资总额中较大的份额，而且减少失业的可能性，然而这些物质上的报酬却会带来群体非难的惩罚，因此每天只要完成群体认可的工作量就可以相安无事了。即使在一些小的事情上也能发现工人之间有着不同的派别。绕线工就一个窗户的开关问题常常发生争论，久而久之，就可以看出他们之间不同的派别了。

三、催化机制

催化剂是在化学反应中很常见的一种物质，它能改变化学反应的速率，但本身不参加反应。在化学反应前后，催化剂的质量保持不变。

这种催化剂被引入管理中，变成了一种有效的管理工具，即催化机制。催化机制最早是由斯坦福大学的教授吉姆·柯林斯提出的。1999

年，他在《哈佛商业评论》上发表了《把目标变为现实：催化机制的力量》。多数企业都有宏伟、艰难和大胆的目标，怎样实现这些目标呢？吉姆·柯林斯认为是通过催化机制实现的，因为这种机制是连接目标和绩效的纽带，能够帮助企业实现目标。催化机制具有以下几个特征，如图8-1所示。

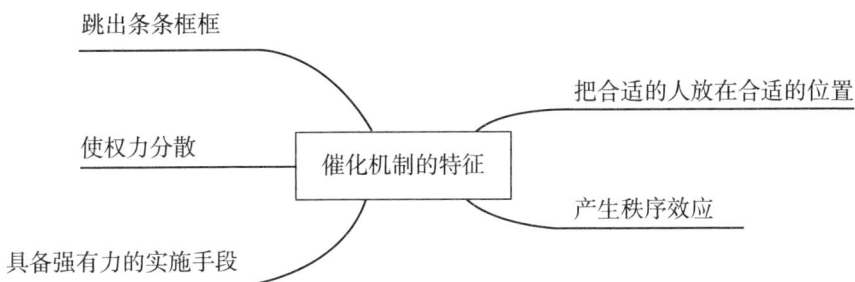

图8-1　催化机制的特征

1. 跳出条条框框

催化机制的特征之一是跳出条条框框。墨守成规很难成就伟大的企业，催化机制的首要特征就是准许人们跳出条条框框。当人们的积极性和创造力被释放出来以后，就能用不可预测的方式达到理想的效果，帮助企业取得伟大的成就。

例如，1956年，美国的3M公司曾经推行过这样的一个制度：允许科研人员在工作时间中调用15%的时间用来在自己喜欢的领域中进行试验和开发。正是这个小小的制度，为3M公司带来了许多创新产品，同时带来了丰厚的利润。

2. 使权力分散

催化机制的特征之二是使权力分散。权力集中会导致专权，一些手握权力的人出于利益的考虑或者因为惰性，可能会任由那些成本高、效益低、意义不大的项目一直做下去。如果权力分散，让更多的人拥有做事的自由，就能促使更多正确的事情发生，让整个企业受益。

3. 具备强有力的实施手段

催化机制的特征之三是具备强有力的实施手段。这就要求管理者果断、坚定，有"断臂求生""置之死地而后生"的魄力和勇气。催化机制往往截断企业的后路，迫使企业在正确的道路上不断前进。

例如，电商平台推行的"七天无理由退换"服务就是带有这种催化机制特征的政策，顾客在收到货物七天内，无论产品有无问题，都可以无理由退换。这迫使商家不断提高产品质量和服务质量，从而谋求更大的利润。

4. 把合适的人放在合适的位置

催化机制的特征之四是把合适的人放在合适的位置，同时能够驱逐"害群之马"。用人难题是管理最大的难题，如何将人用好是每个管理者都需要考虑的问题。对于一个企业来说，选择那些认同企业价值观的人来说是非常重要的，员工只有认同企业的价值观，才能跟随企业一起实现目标。

例如，某新媒体公司就曾通过催化机制营造一种拼搏、奋进、高绩效的环境。在这种环境中，懒惰和投机取巧的人没有一席之地。

5. 产生秩序效应

催化机制的特征之五是产生持续效应。催化机制不是一次性的，而是持续不断的，并且随着时间的推移和环境的改变持续优化的。

例如，蒙牛和伊利是乳业的两大巨头，经过比较不难发现，它们有不少重叠的业务，比如它们都有相应的酸奶、雪糕等产品，这些产品高度相似，且都在市场中取得了很不错的销量。这得益于它们在十几年的竞争中持续不断向前发展。

第九章 灰度法则、二八法则与生态系统
——生物管理思维

生物学是研究生物结构、功能、发生和发展规律的学科。人们对自然界中生物的认识是循序渐进、不断深入的。直到 20 世纪以后，人们才在吸收数学、物理学和化学等其他学科的基础上，将生物学发展成一门精确的、定量的、深入到分子层次的学科。

得益于生物学的深入研究，人们对生命有了更深层次的了解。生命的基本单位是细胞。生命有许多区别于无生命物质的独特特征。例如，能在常温、常压下合成多种有机化合物；污染少，能够高效利用环境中物质；能够高效存储和传递信息；具有自我调节和自我复制等能力。

这些认识最终形成了生物学思维，应用在生活的方方面面，并且，在管理学中也得到了良好应用。

一、灰度法则

灰度法则是腾讯创始人马化腾从生态的角度观察思考企业，将其自身在腾讯工作中的内在转变和经验得失总结为创造生物型组织的法则。这种法则虽然主要面向的是产品设计和管理，但里面的生物学的思维，对管理者在具体的工作如项目管理、产品管理、员工管理等方面同样有很好的启迪作用。灰度法则包含了需求度、速度、灵活度、冗余度、开放协作度、进化度、创新度这七个维度，如图 9 - 1 所示。

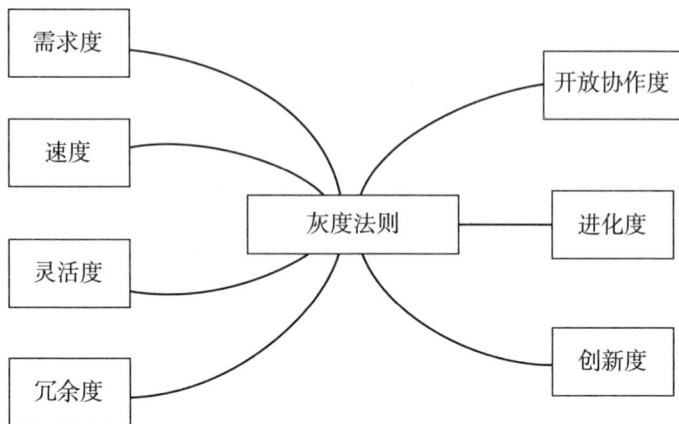

图 9-1　灰度法则的七个维度

1. 需求度

用户需求是产品核心，产品对需求的体现程度，就是企业被生态所需要的程度。

需求度指的是产品经理在设计产品的时候，不要想当然，而是要根据用户的真实需求，设计用户真正需要的产品。不拔高、不矮化用户，是需求度的核心内涵。只有这样，企业才能被生态所需要。

2. 速度

快速实现单点突破，角度、锐度尤其是速度，是产品在生态中存在发展的根本。

为了尽早抢占市场，没有必要等产品非常完美之后再推向社会，但在产品打入市场后，一定要"小步快跑，快速迭代"，及时更新产品。

3. 灵活度

敏捷企业、快速迭代产品的关键是主动变化，主动变化比应变能力更重要。

对于生态的变化，企业除了要拥有应变能力，还要主动出击、主动变化。这样，企业在市场中才能把握主动权，增强核心竞争力，不会得大企业病。

4. 冗余度

容忍失败，允许适度浪费，鼓励内部竞争内部试错，不尝试失败就没有成功。

在资源允许的条件下，可以允许几个团队同时研发一款产品，没有竞争就意味着死亡，即使最后竞争中有失败，它也能成为成功者灵感的源泉。并不是所有的冗余都是浪费，不尝试失败就没有成功。

5. 开放协作度

最大限度地扩展协作，互联网很多恶性竞争都可以转向协作型创新。

开放协作度指的是，在聚焦自己核心价值的同时，深化和扩大社会化合作。一定不要同别人进行恶性竞争，而要利用自己的优势，同别人开展更多层次和方向的合作。

6. 进化度

构建生物型组织，让企业组织本身在无控过程中拥有自进化、自组织能力。

进化度指的是一个企业的文化、DNA、组织方式等是否具备自我进化、生长、修复、净化的能力。这样的组织中能允许创新灰度的存在，尽管在外界看起来这个组织看起来混乱甚至失控，但是那些所谓的失败和浪费，却是组织进化途中必需的生物多样性的体现。

7. 创新度

创新并非刻意为之，而是充满可能性、多样性的生物型组织的必然产物。

如果一个企业已经是一个生态型组织，那么创新就会源源不断地从需求度、速度、灵活度、冗余度、开放协作度、进化度等的灰度空间中冒出来。创新是结果，而不是原因；是产物，而不是源头。企业要做的，就是拓展自己的灰度空间，使自己成为生态型组织，从而使自己的

"土壤"中充满更多的可能性。

二、二八法则

二八法则又叫帕累托法则、关键少数法则或不重要多数法则等，是意大利经济学家帕累托发现的，指的是绝大多数的东西，最重要的只是一小部分，约占 20%，其余 80% 尽管是多数，却是次要的。

当时，帕累托在抽样调查了 19 世纪英国人的财富和收益模式后发现，这个社会大部分的财富都流向了少部分人的手中，他在调查其他国家的资料后发现，这种微妙的关系在哪个国家都存在，并且呈现稳定的数学关系。此后，人们在众多领域，尤其是生态领域中都发现了这种不平衡的关系。这种法则被人们了解后较为广泛地运用于企业管理学中。在企业管理中，二八法则至少有以下几点启示，如图 9-2 所示。

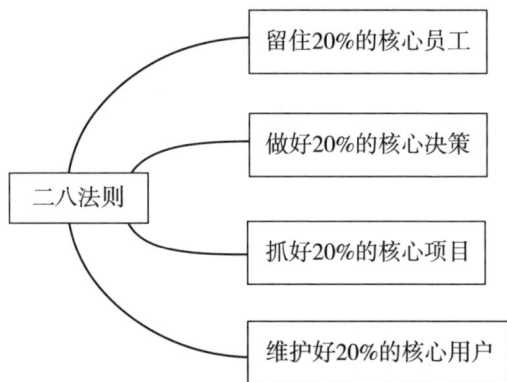

图 9-2 二八法则的启示

1. 留住 20% 的核心员工

企业中绝大部分的重点业务是由 20% 的核心员工创造和维护的。即使是微软集团的创始人比尔·盖茨，也要费尽心思留住着 20% 的核心员工，他甚至开玩笑说，谁要是挖走了微软最重要的那几十名员工，那微软基本就要完了。

因此，管理者要识别谁才是创造核心价值的 20% 的员工，并想尽一切办法发挥他们的创造力，时常与他们保持良好沟通，用真诚的心、共同的目标、强烈的情怀以及丰厚的待遇留住他们。

对于剩下 80% 的员工，管理者也不要轻视他们，给他们足够的宽松度和灰度，让他们自由创造和发展，假以时日，他们也有可能成为那 20% 的核心员工。

2. 做好 20% 的核心决策

管理者要用二八法则抓住企业中最具关键性的问题并进行重点决策。在一个企业中，日常暴露出的问题可能有很多。但不是每一个问题都值得管理者花大力气去整治和管理。管理者要将主要的精力放在解决最重要的那些问题上，做好相应的决策，以达到纲举目张的作用。

3. 抓好 20% 的核心项目

管理者要善用二八法则来调整和管理企业的项目。对于各部门的项目，管理者要清楚哪些项目是带来核心利润的，哪些项目是亏钱的；哪些部门在迅猛成长，哪些部门的业绩平平等。通过分析比较，管理者就能发现企业的关键问题在哪里，核心项目是哪些；就能对症下药，制定有利于企业利益的策略。

4. 维护好 20% 的核心客户

二八法则还适用于企业的核心客户，即企业中 80% 的利润都是由 20% 的客户创造的。这意味着企业要维护好大客户和核心客户，要为这些客户提供额外的支持，以留住他们，从而获得更大的利益。

三、生态系统

企业和生物一样，无法单独生存，需要依托于生态系统而存在，并且与生态环境之间相互作用、相互影响。企业通常会直接或者间接地依赖别的组织或者企业，并形成有规律的组合，这种有规律的组合被称为经济共同体。经济共同体和整个社会经济环境构成了企业的外部环境。

企业在外部环境中通过信息等的交换，共同构成一个相互作用、相互依赖、共同发展的整体。

具体而言，商业生态系统有以下特点，如图9-3所示。

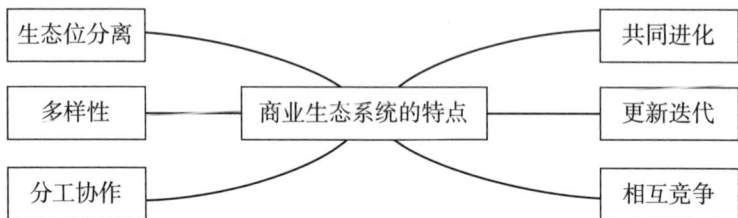

图9-3 商业生态系统的特点

1. 生态位分离

商业生态系统的特点之一是建立在企业生态位分离的基础之上。

什么是生态位？生态位指的是一个生物单位对资源的利用和对环境适应性的总和。在生态系统中，当两种生物利用同一资源或共同占有某环境变量时，就会出现生态位重叠，这时，就会出现竞争。竞争的结果是产生生态位分离，即这两种生物不能占领相同的生态位。

商业世界也一样，当两个企业的资源相似、产品相近、市场基础相同，那么，它们之间的竞争就会十分激烈，生态位的重叠程度也非常高，这样容易产生恶性竞争。因此，企业要注意发展自身的独特优势，找到独属于自己的生态位。这样，企业不但能够实现生态位的分离，还可以减少竞争，突出自身价值，在商业生态系统中获得更多的资源。可以这样说，成功的企业都是能够找到属于自己生态位的企业。

2. 多样性

对于生态系统来说，保证物种的多样性是非常重要的一点。因为物种的多样性使得自然界形成多条完整的食物链，从而构成复杂的食物链网络。这些食物链网络有助于生态系统中物质和能量的运输和循环。如果物种的多样性被破坏，那么，极有可能破坏食物链的完整性和复杂性，从而影响系统功能的发挥。

和生态系统一样，商业生态系统也强调自身成员的多样性。多样性对于商业生态系统来说非常重要，主要体现在以下几个方面。首先，当企业面临不确定的环境时，多样性能够帮助企业起到缓冲的作用；其次，多样性是商业生态系统得以运转和成立的先决条件；最后，保证成员的多样性有利于商业生态系统价值的创造。

3. 分工协作

在生态系统中，各种生物之间要分工协作，共享环境资源，组成一个有机的整体，才能在大自然中生存发展下来。在商业生态系统里，身处其中的企业也要分工协作。没有一个企业是孤立的个体，也没有一个企业能在生态系统中形成完整的闭环，不需要别人的帮助。

分工协作能够使各企业间的分工更加明确，同时它们能相互沟通、协作，从而在一定程度上避免资源浪费。在商业生态系统中，每个企业擅长的方向是不一样的，但需要的资源多种多样，只有让企业做擅长的事，才能避免资源浪费，让身处其中的企业获得更好发展。例如，A 企业和 B 企业都能生产窗框和玻璃，A 企业生产窗框的效率是 100，生产玻璃的效率是 50；而 B 企业生产窗框的效率是 50，生产玻璃的效率是 100。在分工协作的企业生态系统中，A 企业可以专注于生产窗框，B 企业可以专注于生产玻璃，这样，两者都能实现更高的生产效率，长此以往，就能达到共同发展的目的。

4. 共同进化

在传统企业竞争中，很多竞争都是零和博弈，即一方的收益必定会导致另一方利益受损，双方的收益和损失相加必定为零。在商业生态系统中，各企业之间改变了这种竞争关系，双方不再是零和博弈，而是共同发展，共同进化。商业生态系统中的一个企业发展自身和进化自身的时候，必然使得与之合作的上下游企业也一起发展和进化。久而久之，商业生态系统的进化和发展就呈现出共同性，即每个成员在自我改善和进化的同时，也需和系统中的其他成员一起积极配合并且协调一致。

5. 更新迭代

随着时间的推移，生态系统中的不少项目会衰弱，影响生态系统的功能和其他成员的利益。如果企业和项目不及时更新迭代，势必为市场所淘汰。而这样的淘汰也会影响商业生态系统中的其他成员。因此，生态系统中的企业要同呼吸共命运，一起更新迭代，走向更好的未来。因为系统中成员的命运是紧紧相依的，谁也不能抛下别人。

6. 相互竞争

企业间的竞争是不可避免的，为了生存和发展，企业都会或多或少地和其他的企业保持竞争。在商业生态系统中，要鼓励那种能够促进相互进步、相互发展的良性竞争，避免两败俱伤的恶性竞争。

四、竞争与绩效管理

在生态领域中，竞争无处不在。物种们为了争夺有限的资源，必须展开竞争，为了赢得竞争，必须充分进化，以获得更好的资源。在商业领域，竞争同样无处不在，企业与企业之间有竞争，员工与员工之间也有竞争。商业领域中的竞争如同生态系统中的竞争一般白热化，因此管理者一直在想方设法为自己的团队赢得竞争力，其中绩效管理就是管理者为团队赢得竞争的关键方法之一。

管理领域中，近几年被提到极多的一个词就是"绩效管理"。简单来说，绩效管理就是为了达到某个目标，由管理者和员工共同制订计划，通过绩效辅导沟通、绩效考核评价、绩效结果应用、绩效目标提升等一系列的过程，达到提升个人、部门和组织的绩效的目的。

一般认为，绩效管理是一个循环的过程，可以分为绩效计划、绩效辅导、绩效考核与绩效反馈这四个环节，如图 9-4 所示。在绩效管理的每一个环节中，类比思维都是不可或缺的一种思维。

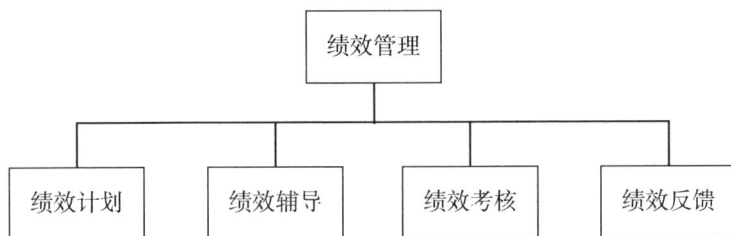

图9-4 绩效管理的环节

1. 绩效计划

绩效计划的制订是绩效管理的基础。在制订绩效计划的时候，管理者和员工需要共同参与，要明确考核的对象和目的，以及内容和方法。事实上，很多员工对此并没有太多的想法，管理者说什么，他们都表示赞同。管理者可以引导这些员工运用类比的思维，为自己和团队设定一个"假想敌"，通过模仿和类比这个"假想敌"，制订出合理的绩效计划。

2. 绩效辅导

绩效辅导又叫绩效辅导沟通，是绩效管理中的关键环节。这个环节是否到位关系着绩效管理能否落到实处。从实际的经验来看，有效的绩效辅导方式表现为以下三种，如图9-5所示。

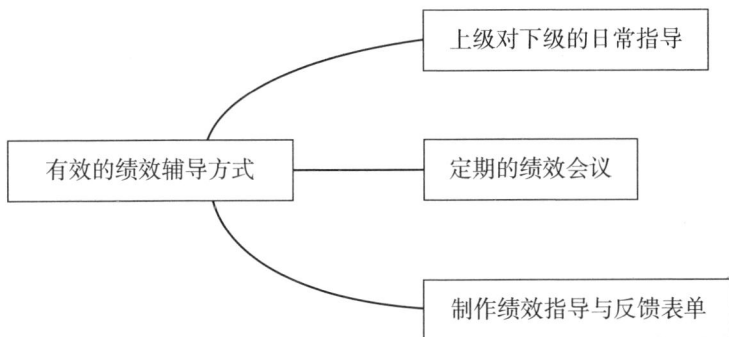

图9-5 有效的绩效辅导方式

（1）上级对下级的日常指导。

上级或管理者对下级的指导本身就是日常工作之一。很多管理者误以为只有当下属遇到难题或者工作中出现问题时对其进行指导就够了。其实不然，管理者应该经常性地对下属进行指导，以绩效计划为目标鼓励员工。只有将指导落实在日常工作中，员工才能在工作中少犯错，这样管理者也不必花大量的时间去解决因员工犯错而产生的问题。

管理者在指导下属时，可以采取这几类方法。一是具体指导，即对员工的具体工作展开指导；二是方法指导，即不对员工的具体工作展开指导，但会规划员工工作的大方向；三是鼓励指导，即对员工给予一些鼓励，使其达成更好的工作效果；四是类比指导，即引导员工和过去的自己比较，和同期的同事比较等，坚定其工作信念。

（2）定期的绩效会议。

在对单个员工进行日常指导的基础上，管理者还要在部门内展开定期的绩效会议。会议的展开频率可以根据工作实际而定，例如，可以把绩效会议定在每周一的早晨，由管理者组织大家一起对过去一周的主要工作和绩效指标进行检查和评估，对工作中暴露出的问题和遇到的障碍进行分析并提出解决方案，再对本周的主要工作和绩效指标进行安排。

（3）制作绩效指导与反馈表单。

管理者要为员工制作绩效指导与反馈表单，以更好实施绩效管理。具体来说，管理者可以根据平衡计分卡制作绩效指导与反馈表单，如分为财务面、客户面、内部营运面、学习与成长面等。

3. 绩效考核

绩效考核指的是管理者根据绩效计划对员工的工作完成情况进行总结和评价，并将结果反馈给员工的过程。常见的绩效考核工具方法有BSC（平衡计分卡）、KPI 及 360 度考核等。

（1）BSC。

BSC 为 The Balanced Score Card 的英文缩写，意为平衡计分卡。它

是根据企业的战略而精心设计的指标体系，其创始人卡普兰认为：平衡计分卡是一种绩效管理的工具。它将企业战略目标逐层分解转化为各种具体的相互平衡的绩效考核指标体系，并对这些指标的实现状况进行不同时段的考核，从而为企业战略目标的完成建立起可靠的执行基础。

平衡计分卡打破了传统的只重视财务指标的业绩管理办法，转而从学习与成长、业务流程、顾客、财务这四个方面关注和评价企业。平衡计分卡包含了五项平衡。

第一，财务指标和非财务指标的平衡。在传统企业中，管理者偏爱考察财务指标，实际上，学习与成长、业务流程、顾客等非财务指标同样很重要，也要对其进行一定的量化考核。

第二，企业的长期目标和短期目标的平衡。平衡计分卡同时关注企业的长期目标和短期目标，希望它们之间能达到一种平衡。

第三，结果性指标与动因性指标之间的平衡。平衡计分卡是一套战略执行的管理系统，以有效完成战略为动因，以可衡量的指标为结果，寻求这两个指标之间的平衡。

第四，企业组织外部群体与内部群体的平衡。平衡计分卡区分了外部群体和内部群体，其中，股东与客户为外部群体，员工与内部业务为内部群体，企业需要在这两个群体之间寻找平衡。

第五，领先指标与滞后指标之间的平衡。学习与成长、业务流程、顾客、财务这四个方面中包含了领先指标和滞后指标。例如，财务就是一个滞后指标，因为它反映的是企业上一年度的情况，而学习和成长则是一个领先指标，因为它能反映企业未来的成绩。企业要在这两个指标之间寻找平衡。

（2）KPI。

KPI 是 Key Performance Indicator 的英文缩写，意为关键绩效指标。KPI 是通过对组织内部流程的输入端、输出端的关键参数进行设置、取样、计算、分析，衡量流程绩效的一种目标式量化管理指标，是把企业的战略目标分解为可操作的工作目标的工具，是企业绩效管理的基础。

根据百度百科，KPI 可以是部门主管明确部门的主要责任，并以此为基础，明确部门人员的业绩衡量指标。建立明确的切实可行的 KPI 体系，是做好绩效管理的关键。关键绩效指标是用于衡量工作人员工作绩效表现的量化指标，是绩效计划的重要组成部分。

（3）360 度考核

360 度考核是绩效管理方法之一，评价维度较为多元化，通常适用于中层及以上的管理人员，一般来说，360 度考核步骤如下。

第一，组建 360 度考核团队。这个团队要征得受评者的同意和认可。

第二，对考核团队的成员进行 360 度评估反馈技术的培训。

第三，分上级、同级、下级、客户和本人等多个维度对受评者进行评估。评估过程最好采取匿名的形式。

第四，统计并报告结果。

第五，根据结果设计相应的反馈意见和措施。

4. 绩效反馈

绩效反馈是绩效管理中的最后一环也是最为重要的一环，绩效反馈一般在绩效考核后实施，考核者和被考核者直接面谈。考核者要在肯定被考核者成绩的同时，找出其工作中的不足并督促其改进。

实施绩效反馈的目的是让考核者和被考核者即管理者与员工之间对绩效考核的结果形成一致的看法，双方一起探讨问题出现的原因并形成改进计划。

第十章 尊重规律、划分与问题树
——地理管理思维

地理是某一区域自然环境和社会要素的总称，因此又可以分为自然地理和人文地理。

地理的底层思维其实就是一种对自然敬畏和对科学尊重的思维。人们要了解自然的发展变化的规律，并且尊重这些规律；人们还要了解地区间的差异，并且因地制宜地开展生产生活。因此，用地理思维做管理，最基本的就是尊重管理规律。除此之外，地理学科体现了一些不同于其他学科的思维方式，例如划分思维、问题树思维等。

一、尊重管理规律

尊重管理规律就是尊重企业生产经营中的市场规律、生产规律等，简而言之就是尊重常识。

尊重常识说起来很容易，做起来很难。尤其是部分身处高位的管理者，在日复一日的管理工作中，可能会飘飘然，不接"地气"，做出一些令人啼笑皆非的决策。所以有人说："对管理常识的尊重，就是最高境界的管理。"尊重管理规律的具体要点如图 10－1 所示。

1. 成功的聪明人下笨功夫

在现在的自媒体平台上，有许多"一本万利"的经营经验，仿佛企业随随便便就能经营成功。实际上不是这样的，纵观成功的企业家，无不是克勤克俭。

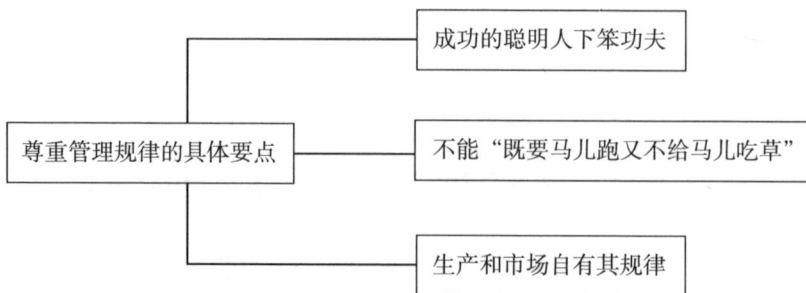

图 10 - 1　尊重管理规律的具体要点

成功的企业没有捷径。企业管理者要尊重生产规律、尊重市场规律，回到企业本身的运营规则中，用心用力做好最基础的事情。

成功的聪明人懂得下笨功夫，在日复一日的辛苦经营中获得利润和发展。

2. 不能"既要马儿跑又不给马儿吃草"

在管理中，如果想让员工为企业付出百分之百的努力，那管理者就要为其努力和劳动付出诚意十足的薪水。

一些管理者一方面千方百计想要员工创造更高的价值，付出更多的劳动，另一方面却不愿意为员工的劳动和努力买单，只愿支付极少的薪水。这种行为就像是"既要马儿跑又不给马儿吃草"，最终只会"人仰马翻"。员工也会因受不了而离开企业。

3. 生产和市场自有其规律

生产和市场自有其规律，并且这些规律是客观存在的，不以人的意志为转移的。有的管理者在安排生产任务和营销任务的时候，罔顾基本的常识规律，为生产部门和营销部门设定根本不合理的任务。当员工提出异议的时候，这些管理者不肯听从他们的意见，一意孤行，要求员工按计划执行生产和销售。最后，不仅任务无法完成，还造成了很多不必要的损失。

二、责任划分

地理中的分界线，是认识区域地理的重要载体。地理分界线将世界划分成若干个小的区域，人们得以精细化认识世界。例如，苏伊士运河是亚洲和非洲的分界线；3000 米等高线是东部季风区与青藏高寒区的分界线；大兴安岭—阴山—贺兰山—巴颜喀拉山—冈底斯山是季风区与非季风区的分界线等。

这种划分的概念引入管理中，主要可以用于工作中的责任划分。

在职场中，主要有以下几类责任划分不明确的现象，如图 10 - 2 所示。

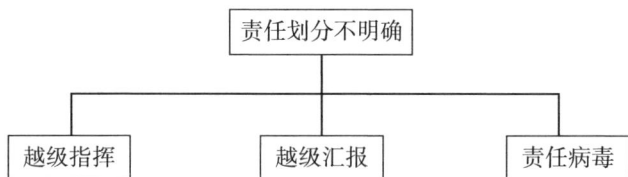

图 10 - 2　责任划分不明确的现象

1. 越级指挥

越级指挥指的是上级有工作不直接交代给直接下属，而是越级将这个工作直接指派给间接下属的情形。

这种情形会造成直接下属和间接下属双方都手足无措。被指派工作的间接下属不知道是不是应该接过这个工作直接做，也不知道应该将这个工作做到什么程度，既害怕自己做得不好引起上级的不满，又害怕自己做得太好抢了直接上级的风头。而直接下属更觉得尴尬，仿佛自己成为摆设，被上级架空了，不知道以后怎么面对接下来的工作。

管理者要避免越级指挥的事情出现。首先，管理者要相信自己的直接下属有能力完成工作。即使更信任那个间接下属，也不要绕过直接下属直接指派。而应通过指挥直接下属的方式指挥间接下属。其次，管理者要有一定的格局和胸怀，不要养成越级指挥的习惯。最后，管理者在目标分解的时候要将各阶层的职责和任务明确划分清楚。保证各司其职，不模糊、不交叉。

2. 越级汇报

越级汇报指的是下属绕过直属领导向更上一级的领导汇报工作。除了一些特殊情况外这样的越级汇报会破坏企业正常的信息链和指挥链。如果一个企业中经常出现这种越级汇报的情况，那么，这个企业正常运转的基础和原则就会被破坏，非常不利于企业的发展。

对此，管理者可以从以下方面入手解决越级汇报的问题。

第一，建立和规范汇报系统，在平时的大事小情中做到统一指挥和管理，不越级、不越权。

第二，建立信任系统，使管理者和下属之间相互信任，遇事一起解决，不推诿、不扯皮、不互相打小报告。

第三，在平时的工作中，要注意管理的节奏和尺度，不要让下属产生排斥心理（这会间接促使越级汇报发生）；管理者要注意公平、公正、公开、人性化，让下级有事愿意反馈，愿意听指挥。

第四，管理者在面对越级汇报的下属时，要在处理好问题的基础上坚决杜绝这种行为，给直接下属足够的信任。

3. 责任病毒

责任病毒其实就是一种责任划分不明的状态。管理学家罗杰·马丁在《责任病毒》一书中这样阐述：在组织中很难明确界限，这事到底是谁负责还是共同担责，共同担责的时候出了问题到底怪谁，应该如何承担，几乎所有的组织都存在这样的状况。

责任病毒的危害有很多，概括起来有以下几点。

第一，在职场中，深受责任病毒危害的症状表现为，要么有力使不上，要么被迫承担更大的责任，从而在跟他人协作的过程中产生摩擦和矛盾，工作推进缓慢。

第二，深受责任病毒危害的团队中，成员之间容易产生误会，互不信任，团队僵化，影响业务的开展。

第三，组织的决策能力受到极大的负面影响。

针对这种情况，管理者可以使用以下方法避免陷入责任病毒导致的困境中。

首先，结构化决策过程，即在做决策的过程中要做到将观点和个人分开，讨论工作的时候就事论事，对事不对人，大家的观点和方案，不论多么古怪和离奇，在决策之前，都不要扼杀它们，允许它们被看见、被论证。

其次，改变"独揽一切"或"我什么都不懂"的思维方式，运用集体的智慧，解决问题，完成任务。

最后，划分责任阶梯，不走极端情况，例如可以将责任划分为六个等级。等级6——我什么都干不了，也不愿意承担责任；等级5——我暂时不会干，但我愿意学习，愿意承担一定的责任；等级4——希望上级可以帮助我一起完成任务；等级3——希望上级可以在关键时刻指导我完成任务；等级2——能够在和上级商量的基础上，独立完成任务；等级1——不希望上级插手，完全自己做主，为结果负责。在完成任务的时候，等级2至等级5是可以选择的范围，尽量不选择等级1和等级6。

三、两个思考工具：问题树和PMI原则

1. 问题树

问题树是地理划分和分析思维下的强有力的思维工具，又叫逻辑树或者演绎树。它将问题的所有子问题分层罗列，以树形结构系统地分析存在的问题和相互之间的关系。

具体制作问题树的时候，先将已知问题作为树干，然后将与这个问题相关的子问题或者子任务加在这个树干上，使之成为一个树枝，并在

这个树枝上标示清楚。此外，这个树枝上还能再分解出小树枝。问题树的主要作用是帮助人们厘清问题和思路，不做无关的思考。制作时可以先从下至上画出树的形状，在树的主干部分，写上思考的主题；再思考造成这个问题的原因，作为第一层树枝；然后再深入细究，依次画出第二层、第三层树枝……最终通过问题树的层层推演，就可以将问题抽丝剥茧，找到问题的深度原因。问题树分析法如图 10 - 3 所示。

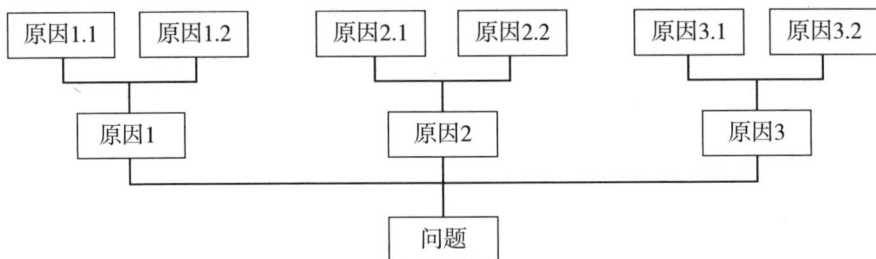

图 10 - 3　问题树分析法

在依靠问题树找到根本原因之后，同样可以依靠问题树找到解决之道。操作步骤和上文相似。先将有待解决的问题放在最左侧，之后不断追问自己该如何处理和解决问题，再将思考的结果一层一层罗列在树枝上，这样，就能一步一步找到解决问题的具体方法了。

问题树工具法见表 10 - 1。

表 10 - 1　　　　　　　问题树工具法

问题	原因 1		原因 1.1	
			原因 1.2	
	原因 2		原因 2.1	
			原因 2.2	
	原因 3		原因 3.1	
			原因 3.2	

2. PMI 思维方法

PMI 思维方法是地理"对比"和"分类"思维下的强有力的思维

工具。

其中 P 即 Plus，指的是这个观点的优点和有利因素，即为什么赞同或喜欢这个观点。M 即 Minus，指的是这个观点的缺点和不利因素，即为什么不赞同或不喜欢这个观点。I 即 Interest，指的是兴趣点，即对这个观点感兴趣的点是什么，需要指出的是，兴趣点既不是优点也不是缺点，是相对中性的点。

管理者在分析问题的时候，最好用上 PMI 原则。因为人们平时判断观点的好坏时，往往依靠主观喜好或者直觉，对于自己喜欢或者不喜欢的观点，即使在做出决定后，也不知道它们的优点和不足之处在哪里。使用 PMI 原则，依次分析观点的 P、M、I，有助于管理者更加客观看待问题，而不至于拒绝那些第一眼看上去不太好但可能很有价值的观点。

第十一章　顶层设计与 CAF 法则
——政治管理思维

高中政治不同于政治学，政治学是专门以政治为研究对象的一门社会科学，研究政治行为的理论和考察权力的获得与行使等。而高中政治涵盖面更广，包含经济常识、政治常识和哲学基础。

这三种知识对于管理者来说，都是十分必要的。经济常识的重要性就不用多说了，经营企业本身就是一个市场的、经济的行为，蕴含着许多经济学的原理和规律，如果一个管理者连基本的经济学常识也不了解，势必将企业或者团队带向失败的方向。

政治常识是每一个公民都应该具备的，对于企业或者团队来说也很重要，它能告诉人们，底线在哪里，边界在哪里，哪些事可以做，哪些事不应该做。此外，政治常识中的一些模式，如顶层设计、系统决策等，对管理者的具体工作也是非常有启发的。

哲学是每个人安身立命的根本，有着人们对于终极问题的追问。哲学最提倡思辨思维和批判性思维，对于企业管理者来说，哲学不仅能解答人生的困惑，还能当作方法论用于实践管理中。

一、经济常识之边际效应

心理学家艾宾浩斯在研究记忆曲线时发现，人们对开端和末尾的内容记得更牢的现象同样适用于社会知觉过程规律研究。边际效应正是符合这种现象的社会知觉过程。边际效应指的是在其他投入不变的情况下，连续增加某一投入，所增加的收益或者产出并不会持续增加，当增加的投入到达一定水平后，其收益或者产出量会下降。

这个现象在很多领域都得到了广泛运用，如教育、科技、文化等领域。同样，其在企业管理中得到了很好的应用。在企业管理中，边际效应应用最多的是员工的激励政策。

在对员工进行激励尤其是进行薪酬激励的时候，一定要考虑到边际效应。一般来说，前几次加薪以及对低薪水者加薪效果最大。管理者要把握好这几次加薪机会，充分调动员工的工作积极性。例如，月薪 6000 元的基层员工加薪 1000 元获得的幸福感比月薪 12000 元的资深员工加薪 1000 元获得的幸福感要更高。因此，管理者可以用加薪的方式激励月薪 6000 元的员工，而选择其他的方式激励月薪 12000 元的员工。

王某是一家创业公司的负责人，这家公司不大，只有十几名员工。公司平时的工作氛围很好，大家勠力同心，共同努力拼业务。经过几年的发展，公司业务增长得很快，获得了很不错的利润。王某觉得这一切都是大家共同努力的结果。于是决定给所有的员工提薪 20%。大家知道后都非常激动，对工作更加认真了，铆足了劲儿往前冲。

又经过大家一年的努力，公司的业绩比上一年翻了一番，王某高兴得不得了，又给大家加薪 20%，期待大家再创辉煌。这次加薪后，王某能感觉到大家的喜悦，但发现大家的拼劲不如去年了。他觉得是加薪幅度不够的原因。所以到了年中的时候，他找机会又给大家加薪了。他本以为大家能像第一次加薪那样铆足干劲，没想到，大家都没有太大的反应。

王某觉得很困惑：钱花了不少，怎么没有激发起大家的积极性？而且这个方法明明之前是管用的呀？带着这些疑惑，他请教了一位管理专家。管理专家听完他的疑惑后，哈哈大笑，问他："你知道什么叫边际效应吗？"见王某疑惑地摇摇头，管理专家随即收起笑容，向其进行了简单的介绍。管理专家介绍完毕后，王某恍然大悟，明白了屡次加薪但不出效果的真正原因。后来，他听从管理专家的建议，将加薪改为不定期向员工派发红包。既节省了一大笔费用，又增加了大家的工作积极性。

二、政治常识之顶层设计

"顶层设计"一词最早是工程学术用语，指的是统筹考虑项目各层次和各要素，在最高层面解决问题，统揽全局。在《中共中央关于制定国民经济和社会发展第十二个五年规划的建议》中，出现了"重视改革顶层设计和总体规划"。从此，"顶层设计"一词成为政治新名词，指的是"主体结构和主要模式"的设计。

此后，"顶层设计"一词也经常出现在企业管理相关的概念中，指的是企业提前布局未来发展所需要的商业模式、组织模式、资本模式等经营管理体系。顶层设计如图 11-1 所示。

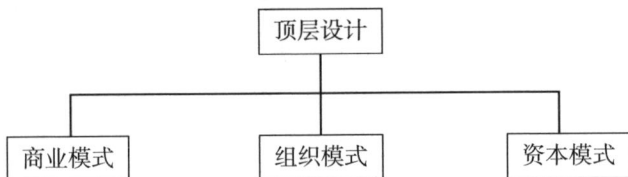

图 11-1 顶层设计

1. 商业模式

商业模式简单说就是企业通过什么模式赚钱，包含了其与其他企业、渠道、顾客等之间的交易关系和联结方式，是管理学主要的研究内容之一。

一般认为，商业模式包含了定位、业务系统、关键资源能力、盈利模式、自由现金流结构、企业价值六个要素。这六个要素相互作用、相互决定。在这六要素中，只要有一个要素不同，就能形成一种不同的商业模式。因此，可以说，没有两家完全相同的企业，也没有两个企业的商业模式是完全相同的。

管理者在做顶层设计的时候，应把对商业模式的设计放在首位，这决定了企业的生存之道。如今市面上的商业模式很多，比较有代表性的商业模式有免费模式、招商加盟连锁模式、O2O①模式等。管理者可以根据所处企业的实际情况，选择适合自己的商业模式。但记住，千万不要为了赶潮流而追逐流行的商业模式，最重要的是有利润和可持续。

2. 组织模式

企业的组织模式指企业为了提供效率、利润和竞争力而选择的组织结构。随着知识经济日益替代传统经济，过去传统的职能型组织结构的弊端已经越来越明显。为了求发展，企业的组织模式在实践中不断加快变革的步伐。总体来说，现在通用的组织模式有以下几种。

（1）职能型组织模式。

职能型组织模式是比较传统的一种线性的组织结构，在企业中较为常见。它是以部门为主体开展业务和活动的。一个项目可以由多个部门联合完成，也可以由一个部门单独完成，甚至一个部门还可以完成多个项目。职能型组织模式如图 11-2 所示。

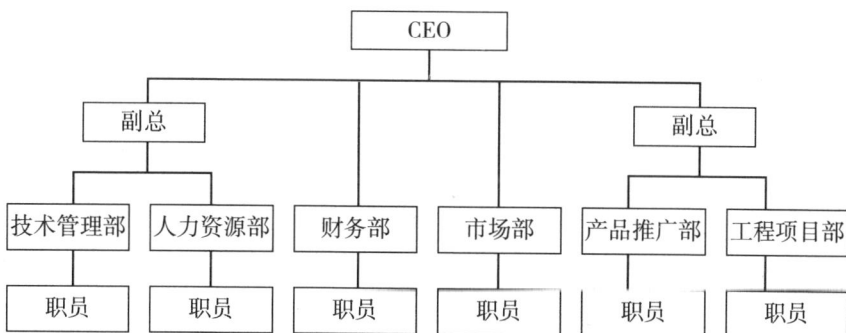

图 11-2　职能型组织模式

---

① 即 Online to Offline，指将线下的商务机会与互联网结合在一起，让互联网成为线下交易的前台。

采用这种组织模式的优点是可以充分调动资源，使优势更加集中，"集中力量办大事"，让一个重点项目在短时间内完成，并且不会造成太大的物质资源和人力资源的浪费。但它的缺点也很明显，这种组织模式过于突出部门的主体地位，但当别的利益如客户的利益与部门的利益发生冲突时，员工可能会为了维护部门的利益而牺牲客户的利益。另外，当一个项目需要多个部门联合完成时，权力的分割不利于各部门之间交流，项目经理对项目没有足够的把控力；而当一个部门同时进行多个项目时，资源的平衡又会出现一定的问题。

（2）项目制组织模式。

项目制组织模式是完全以项目制为核心设置的组织结构，在这个组织模式里，项目经理有足够大的权力把控整个项目组，同时其是整个项目组唯一的领导。人员的配备也是按照项目组来进行的。这种结构模式比较适合一些开拓性的、风险较大的，或者各方面指标都有严格要求的项目。项目制组织模式如图 11 –3 所示。

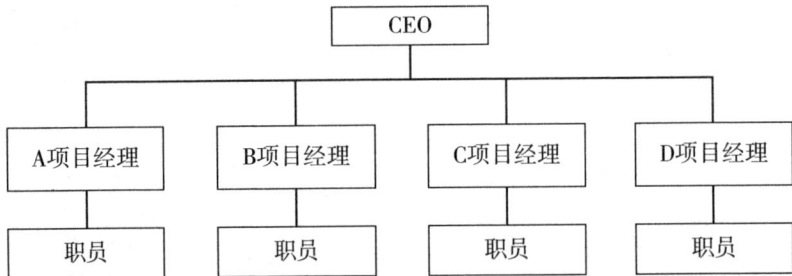

图 11 –3　项目制组织模式

这样的组织模式的优点是项目经理对项目全权负责，项目的资源调动相对容易，组织的目标也很单一，就是完成整个项目；组织结构相对简单，领导少、人员关系简单，沟通顺畅，决策效率高。这一组织模式的缺点是每个项目组在相对独立的空间内，资源不能共享，容易造成资源闲置。公司中的政策、方针等很难真正贯彻实施。项目完成后，项目成员容易被派到别的项目中去或者被直接解雇，容易给人造成事业上的不安全感。

（3）矩阵型组织模式。

矩阵型组织模式融合了职能型组织模式和项目制组织模式的特点，它根据项目的需要，从各个部门抽调人手组成一个临时的项目组，在项目组运作期间，员工主要以项目组的工作为主，听从项目经理的调配和安排。等到项目结束以后，这些成员又回到原来的部门中，由原部门的领导安排和布置工作。矩阵型组织模式如图 11 - 4 所示。

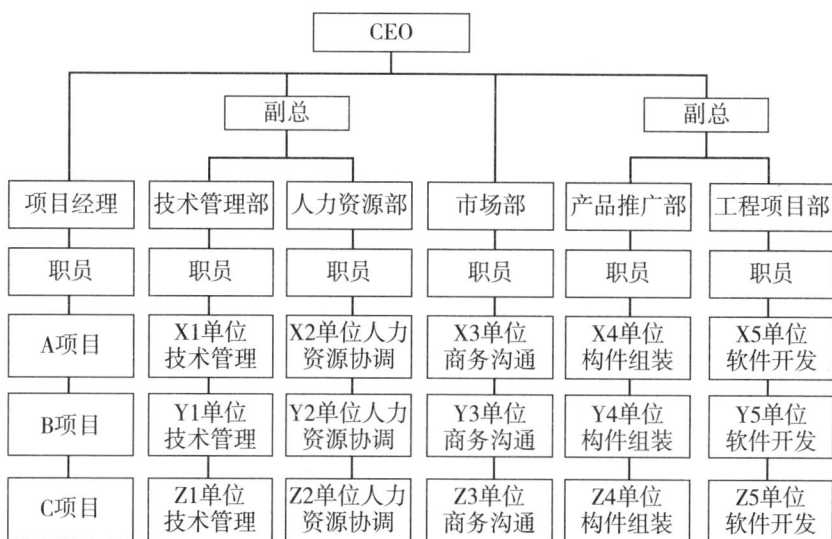

图 11 - 4　矩阵型组织模式

这种组织模式的优点是能在短时间内调配齐需要的人才，组成一个强有力的项目团队，高效地完成工作；同时，这些项目能够享受多个部门的优势资源，使资源得到更合理运用；并且，项目成员的顾虑也相对较少，不用担心项目结束后没有地方可去。但这种组织模式也有一定的缺点，例如部门领导和项目领导同时存在，员工需要接受双重领导，会产生一定的焦虑和压力等。

3. 资本模式

如果说商业模式的主要功能是整合资源，那么资本模式的主要功能就是配置资源。资本运作的模式多种多样，按照扩张和收缩的方式分，又可以分为扩张型资本运作和收缩型资本运作。扩张型资本运作，具体包括横向型资本扩张、纵向型资本扩张和混合型资本扩张；收缩型资本运作，具体包括资产剥离、公司分立、分拆上市、股份回购等。企业的管理者要对这些模式有一定的了解，并在实际管理中能选择运用。

（1）扩张型资本运作。

横向型资本扩张指的是交易双方同属一个部门或者一种产业，通过产权交易可以实现规模经营。这样的扩张能达到的好处有很多，例如，优化产业结构、改善行业结构、减少竞争对手、扩大自身规模、增强企业的市场竞争力等。

纵向型资本扩张指的是交易双方处于不同的部门或者产业，它们之间有投入和产出的关系。这样的扩张能够通过对用户、原材料以及销售渠道的控制来提高自身影响力。

混合型资本扩张指的是没有直接投入产出关系的两个或两个以上企业之间进行的产权交易。混合型资本扩张通过跨界整合的方式提高了企业的市场竞争力和抗风险能力。

（2）收缩型资本运作。

收缩型资本运作是扩张型资本运作的逆向操作，指的是企业把自己拥有的一部分资产、子公司、分支机构等通过剥离、分拆等转移到公司之外，缩小企业规模，从而提高企业运行效率。收缩型资本运作方式有资产剥离、公司分立、分拆上市、股份回购等，如图11-5所示。

根据百度百科，资产剥离是指在企业股份制改制过程中将原企业中不属于拟建股份制企业的资产、负债从原有的企业账目中分离出去的行为。剥离并非企业经营失败的标志，它是企业发展战略的合理选择。企

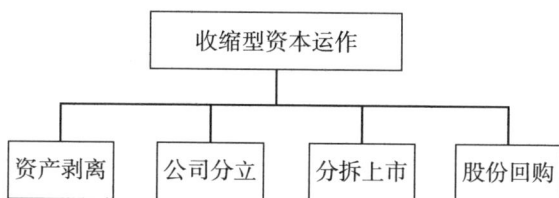

图 11-5 收缩型资本运作方式

业通过剥离不适于企业长期战略、没有成长潜力或影响企业整体业务发展的部门、产品生产线或单项资产，可使资源集中于经营重点，从而更具有竞争力。同时剥离可以使企业资产获得更有效配置、提高企业资产的质量和资本的市场价值。

公司分立指一个公司依照《中华人民共和国公司法》的相关规定，通过股东会决议分成两个以上的公司。

根据百度百科，分拆上市指一个母公司通过将其在子公司中所拥有的股份，按比例分配给现有母公司的股东，从而在法律上和组织上将子公司的经营从母公司的经营中分离出去。分拆上市有广义和狭义之分。广义的分拆上市包括已上市公司或者未上市公司将部分业务从母公司独立出来单独上市；狭义的分拆上市指的是已上市公司将其部分业务或者某个子公司独立出来，另行公开招股上市。分拆上市后，原母公司的股东虽然在持股比例和绝对持股数量上没有任何变化，但是可以按照持股比例享有被投资企业的净利润分成，而且最为重要的是，子公司分拆上市成功后，母公司将获得超额的投资收益。

股份回购是指公司按一定的程序购回发行或流通在外的本公司股份的行为。公司通过大规模买回本公司发行在外的股份能够改变资本结构，从而形成一定的防御力量。

三、哲学基础之管理哲学

身处职场，管理者一定要懂一些管理哲学。管理哲学是管理学和哲学的交叉部分，兼具管理学的实用性和哲学的思辨性，是关于管理的世界观和方法论，贯穿于管理工作的方方面面。

许多人认为，哲学探讨的是人从何处来，要去往何处这样终极的形而上的问题。那么管理哲学探讨的就是管理是什么，为什么这样管理，如何管理这些问题。这些问题看起来或许很高深，探讨起来有一定的难度。在本书中，笔者退而求其次，介绍一些在具体的工作中，管理者需要掌握的哲学道理。

1. 以柔克刚

以柔克刚是一个老练的管理者常用的用人谋略。在职场中，管理者经常会遇到言辞激烈的下属，他们可能因为一些事情而愤懑不平，甚至有做出过激行为的倾向。面对这样的员工，管理者应保持机智、冷静、坚定、沉着、自信，巧用自己的"柔"，化解下属身上这种无原则的"刚"。

2. 知己知彼

"知己知彼，百战不殆""虽为敌，亦可师"，在职场中，没有绝对的敌人，每个对手都是值得了解和学习的。了解对手的过程，既是对双方实力的准确评估，又为自身未来的努力方向打开一个思路。

3. 修身养性

"韬光养晦""深藏不露"自古以来就是谋略家们的大智慧，身为管理者，在遭遇委屈、不公平对待的时候，一定不能放弃，而应修身养性，寻找东山再起的机会。

4. 以退为进

进是一种能力，退又何尝不是一种智慧？俗话说："退一步海阔天空。"退并不意味着妥协和退让，而是通过这种方式更好达成自己的目的。

四、全面联系与 CAF 思考法

在政治中，全面联系是一个重要的思维特征。例如，在哲学中，讲究全面联系看问题；在经济活动中，讲究将一个经济现象与整体的大环境进行全面联系。在解题中，考生也要用全面联系的思维看待问题。用这样的思维方式思考问题，可以减少很多弯路，可以让思路更加清晰，做题的准确率也更高。

在管理学中，也有这样的全面联系的思维方法，CAF 思考法就是其中一个。可以说，CAF 思考法是对全面联系的具体应用。

1. 什么是 CAF 思考法

人们在做出一项决定之前，一般会对这个问题进行深度考虑。考虑问题时，人们往往觉得自己已经对所有可能性都进行了深入思考。然而现实是，人们通常只考虑到了那些现实的、一眼就能看到的因素，而忽略了那些隐藏着的、需要进一步发掘的因素。

为了考虑更全面，将注意力从自以为很关键的因素转移到所有的因素上，人们一般会采用 CAF 思考法。CAF 即 Consider All Factors，意思是考虑所有的因素。CAF 思考法是对一件事物的所有相关因素进行思考的方法。这种思考法能够帮助人们找到可能遗漏的因素，从而更全面思考和看待问题。因此，这种思考法经常被用于企业管理中，用于解决与行动、计划、谈判、决策、结论等相关的问题。

2. 如何使用 CAF 思考法

在使用 CAF 思考法时，可以先对因素做一定的区分，再进行分类寻找。一般来说，可以将这些因素分为自身因素、他人因素、社会因素或者空间因素、人物因素、时间因素等类别，再从这些类别出发往下寻找。此外，当管理者的经验没有那么丰富的时候，也可以求教于他人，请他人看看是否缺少遗漏的因素。当管理者掌握了 CAF 思考法，也可以用这个方法帮助别人，分析他人的思维，告诉对方是否遗漏了什么。

请看一个思考题。有一对夫妇，想购置一套二手房，在购买前，他们列出了这些因素，认为这些应当是重点考察的因素。

一是小区的配套和环境，二是房子的价格，三是房子的年限，四是房子的产权，五是房子的空间大小和规划格局。

他们自认为已经想到了所有应该考虑的因素。但是否还有没考虑到的因素呢？请用 CAF 思考法帮他们思考一下。

第五部分
思维的实践：从关键词
到解决方法

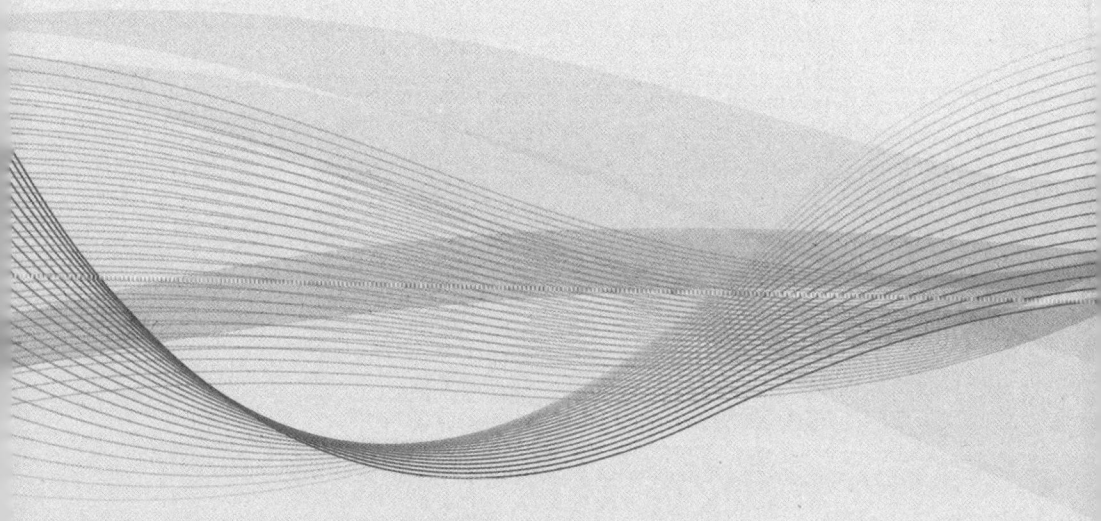

第十二章 "九学科" 管理思维的落地: 找关键词、对应学科、解决方法

通过前面的分析，读者可以了解到"九学科"管理思维大致的内容是什么。那么，在遇到实际问题的时候，又该怎么使用这个管理思维解决问题呢？或者说，"九学科"管理思维中的管理方案是怎样落地执行的呢？

学科思维的落地主要可以分为找关键词、对应学科、解决问题这几个步骤。在具体实施的时候，又可以依托波利亚解题四步骤和 PDCA 循环[①]。

一、波利亚解题四步骤

这种解决问题的工具和学科中的解题步骤非常相似。大数学家波利亚曾在《怎样解题：数学思维的新方法》（*How to Solve It: A New Aspect of Mathematical Method*）中指出了解决问题分为四个步骤，即弄清问题（Define）、拟订计划（Plan）、实现计划（Do it）、回顾（Look back），如见图 12-1 所示。

1. 弄清问题

弄清问题指的是了解问题中的各种因素。以数学题为例，这个数学

---

① PDCA 循环的含义是将质量管理分为四个阶段，即 Plan（计划）、Do（执行）、Check（检查）和 Act（处理）。

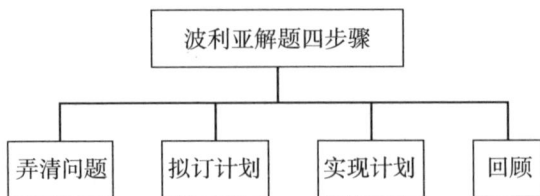

图 12 - 1　波利亚解题四步骤

题中的已知数是什么？未知数是什么？条件是什么？是不是满足条件？如果要求未知数的话，这个条件是否充分？这个条件是否有用？是否多余？

2. 拟订计划

拟订计划指的是根据条件找出未知数和已知数之间的联系，如果找不到明显的、直接的联系，就要设置辅助问题，以获得一个最终求解的计划。

在拟订计划的时候，不妨问自己几个问题，以前解过这种题吗？是否见过形式相同的而数据不同的题？是否有用得上的定理？解这个问题的时候，应该分成几步？为了解这个问题，是否要引入一些辅助元素？拟订的计划分几步？拟订的计划是否真的有作用？

3. 实现计划

根据拟订的求解计划，求出答案，实现计划。在求解时，要有知识，要掌握良好的解题习惯，要专注，还要有一定的运气。这样，执行起计划来就相对简单，很快就能求出答案了。

另外，在实现计划的时候，要有耐心。求得答案以后，要反复检查。在检查时，可以使用直觉和证明两种方式，这两种方式都有用。直觉是用自己的经验判断，这一步看上去是不是对的？而证明是问自己，能不能对这一步进行严格证明表明它是对的？

4. 回顾

解决完问题后，绝对不能放任不管了，这样就浪费了一个非常好的巩固知识和提升经验的机会。在解完问题之后，要回过头来再论证一遍，看这个问题是否还有其他解法，是否还有更简洁明晰的方式。另外，要确认这个解法能否用来解决别的问题等。

二、波利亚解题四步骤与解决企业管理问题

当管理者在企业中遇到管理问题的时候，完全可以采用波利亚解题四步骤解决管理问题。

1. 弄清问题

弄清问题就是弄清这个管理问题的方方面面。例如，这个管理问题的本质是什么？当下最要紧的问题是什么？它的附带影响有什么？现在有的优势是什么？能控制的条件有什么？需要解决的首要问题是什么？以前解决过类似问题吗，具体是怎么解决的？

数学问题明确纯粹，有明确的已知数和未知数。管理问题与之不同，要弄清的问题更多，甚至管理者还要从众多现象中自己提炼和概括主要问题等。因此，在着手解决问题前，管理者要花足够多的时间厘清问题。

2. 拟订计划

根据从问题中提炼出的主要问题拟订计划。在拟订计划的时候，管理者可以根据"324"的模式向前推进。

这个问题的底层逻辑是什么？可以用什么管理思维，是语文思维、数学思维还是外语思维？这个问题的归属是什么？归为物理思维还是历史思维？可以用哪一种方法论解决这个问题？是化学思维方法论、生物思维方法论、政治思维方法论还是历史思维方法论？

另外，管理者可以通过关键词法寻找解决问题的思维方式。从某种意义上说，人们在解决问题的过程中，采用哪种思维形式，取决于问题的性质。因此，在弄清主要问题之后，要再从问题中提炼出关键词，再通过关键词形成启发思维，从而提高思维效率。例如，如果将问题的关

键词归纳为表达、现象等，就可以启用愿景描绘的语文思维；如果将问题的关键词归纳为数字，就可以启用会计思维、5W2H 分析法；如果将问题的关键词归纳为划分，就可以采用问题树的方法。

3. 实现计划

将对应的学科管理方法用到具体的管理工作中，看问题能否被解决。在实现计划的过程中，管理者要调用过去已有的管理经验，要专注。如果管理问题不能得到解决，那么管理者要重新从厘清问题开始，一直到问题解决为止。

4. 回顾

解决完问题后，管理者要对这个问题进行复盘和存档，同时记录用的是哪个学科的思维的哪种方法，以便下次遇到类似问题的时候，可以快速启动相应的学科思维来解决问题。

第十三章 "九学科"管理思维的落地实操

"九学科"管理思维适用于很多管理活动，在不同的管理活动中有不同的使用方法。在实际操作的时候，管理者要根据实际情况，进行不同的操作。

在项目管理中，管理者可以对这些常规科目进行筛选排列，与项目管理的情况相呼应。通常项目管理的情况比较复杂，需要运用到多种思维方式，这时，管理者应当调用多种学科思维，帮助自己更好完成项目管理和自我管理。

当一个项目跨部门或者一个人做多个项目的时候，不论是部门还是个人，都需要平衡多方的资源和力量，因此，无论是何种项目，都要调动物理学科的平衡思维。又因为语文、数学、外语思维的基础性，不论在何种活动中，管理者都应该具备语文、数学、外语的底层管理思维，所有要将语文、数学、外语的学科思维作为底层的管理思维。当项目跨部门和一个人做多个项目时，要在这些底层管理思维的基础上，加上化学、生物、地理、历史等学科思维，将其作为有力的方法论，调整思维方向。一般可以得到以下几种思维组合。

物理＋化学＋地理＝平衡＋创新、催化＋对比划分

物理＋政治＋生物＝平衡＋主观能动性、全局思维＋主要因素

物理＋生物＋地理＝平衡＋主要因素＋对比划分

物理＋政治＋地理＝平衡＋主观能动性、全局思维＋对比分析

物理＋化学＋政治＝平衡＋创新、催化＋主观能动性、全局思维

物理＋化学＋生物＝平衡＋创新、催化＋主要因素

某公司在年末要举办一场年会，年会是每年例行的活动，一般都是综合部牵头，各部门配合出演节目。在公司转型的关键之年，大家都为公司付出了非常大的努力，公司经理希望在年会的时候既能犒劳这些为公司付出汗马功劳的员工，又能够鼓舞士气，让大家在往后的一年中再拼一把，创造出更好的成绩。

他觉得，往年举办年会的酒店，菜品一般，场地也不够大气，希望能换一个更好的酒店，举办的场地也希望比之前的更宽敞大气一些。另外，往年的年会节目都很"水"，大家都是为了完成任务而表演的，希望节目能够更加有质感一些，更鼓舞人心一些。

他想了想，不能再按照往年的方式举办年会了。于是，他将这个工作交给综合部的小A，让他从各部门临时抽调人手，组成一个年会项目小组，一起筹备这次年会。

虽然之前几次年会小A都参与筹备了，但是之前的筹备难度没有那么大，大家也配合小A完成工作。但是这次不一样了，成立了年会项目小组，而且要求节目形式更加新颖。

收到任务的时候，小A感觉头都大了，摆在他面前的难题有这几个。首先，时间紧，距离年会开始只有不到一个月的时间了；其次，大家的重视度不够，很多人都觉得今年的年会还是跟往年一样，走个过场而已；最后，项目组成员的配合度不高，并不是项目组成员认识不到这次年会的重要性，而是他们实在分身乏术，每年的年末，都是公司业务最忙的时候，而这些项目组成员又都是各部门的中坚力量，只要离开岗位一个小时，就可能导致部门的工作受到影响。

面对这些难题，小A束手无策。正当他不知道怎么办想要放弃的时候，他想起了前段时间从同事那里了解的"九学科"管理思维。

小A在上学时就是个学霸，他先将自己遇到的难题用问题树的方式一一罗列出来。然后根据问题提炼出这几个关键词：沟通、平衡、

创新。

沟通不用多说，酒店的菜品、场地等一些细节的落实，需要花大力气去跟酒店的工作人员沟通和确认；然后，与抽不开时间的项目组成员沟通时间，与参与表演的同事沟通节目等。

平衡指的是平衡各方的需求和时间，其中比较典型的就是需要平衡项目组成员的时间，另外，还有许多资源也需要小 A 去平衡。

创新主要体现在年会的内容上。

小 A 将这些难题罗列出来，最后选择了"语文＋外语＋数学＋物理＋化学＋地理"的学科思维。其中最主要体现的是语文学科的沟通表达、外语学科的同理心、数学学科的逻辑、物理学科的平衡、化学学科的催化和创新，以及地理学科划分和问题树工具。

他将问题与这些学科思维对照，按照波利亚解题四步骤，一一将这些问题落实和解决，最后，在时间紧任务重的情况下，年会项目小组给大家打造了一个创新度极高的年会，小 A 得到了领导的大力赞赏。

当同一部门或者同一个人进行项目的时候，情况又与跨部门和跨个人有所不同。这时，部门和个人首要考虑的不是平衡各方资源，而是调动自身以往的丰富经历，将其作为经验指导当下的活动。因此，在选择语文、数学、外语的底层管理思维后，可以使用历史思维的经验优势，再配以其他各学科作为有力的方法论，具体如下。

历史＋化学＋地理＝经验＋创新、催化＋对比分析

历史＋政治＋生物＝经验＋主观能动性、全局思维＋主要因素

历史＋生物＋地理＝经验＋主要因素＋对比分析

历史＋政治＋地理＝经验＋主观能动性、全局思维＋对比分析

历史＋化学＋政治＝经验＋创新、催化＋主观能动性、全局思维

历史＋化学＋生物＝经验＋创新、催化＋主要因素

小 B 是某项目新提拔的项目执行主管。过去，小 B 一直是项目组的业务骨干，并没有接触过太多的管理工作，这是他第一次做管理工

作，虽然是非常熟悉的项目组，但是管理岗位的工作还是让他觉得有些陌生和不适应。

他进入管理岗位遇到的第一个难题，就是组员在遇到问题拿不定主意的时候要来请示他。这对小B来说难度不大，因为这些都是他熟悉的工作，他能够为组员提供很好的指导意见。然后一段时间后，他发现问题逐渐暴露出来了，一是很多组员不愿意过来问他问题了，工作上遇到困难，宁愿被动地在那里等小B去催促；二是很多人把工作都推给了小B，小B发现自己的工作越干越多。

小B遇到的第二个问题是项目组的创新度不足，小B所在的项目从事的工作是与创新相关的工作，创新度不足这一点的"杀伤力"非常大，直接让小B的项目组没有了竞争优势。由于创新度不足，小B又面临了第三个问题，那就是项目组面临随时被撤下的风险。

这三个问题让小B几乎喘不过气来，他觉得这个项目执行主管太难当了，有了退缩的念头。思虑再三，他敲开了领导的办公室。领导见到垂头丧气的小B，便猜出了八九分他的来意。没等小B开口，领导先发制人，说："小B，我最近听到一个很有意思的管理理论，这个理论是用学科思维做管理，不知道你听说过没有？"小B心里还在想着怎么开口说不做项目执行主管的事，没有仔细听领导的话，便胡乱地摇了摇头。

领导又接着说："这个理论你肯定感兴趣，而且对你现在的工作也会有很大的帮助。这样，这本书你先拿着，看完跟我分享心得。我一点还有个会，得先走了。"见小B还没反应过来，说："对了，你找我什么事来着？"

小B看马上就到一点了，感觉自己的事情三两句也说不清楚，便说："也不是什么要紧的事，领导您先忙，等我有时间再仔细向您汇报，谢谢您的书。"小B说完拿着书离开了领导的办公室。

小B的问题没有解决，他只能继续扎进望不到边的工作中去。

又过了几天，眼看要到周一了，小B想起马上要开项目进度会议，要跟领导汇报最新的工作。这时，他猛然想起领导之前给了他一本书，要他看完后分享心得。于是，他翻开了摆在桌上的《企业"九学科"管理思维》。

一开始小B也没觉得这本书有什么道理，不过他还是照着书上的方法，试着将自己面临的问题的关键词写下来。他列出的关键词是"紧张、责任不明、创新不足"，根据这些关键词，他锁定了生物学科的灰度法则和地理学科的责任划分，觉得这两种方法很适合自己，就试着读下去。

读完以后，他感觉对自己的工作有了一点新的思路。

他觉得项目组确实存在责任病毒这回事，有些人的任务过重，忙不过来，而有些人却因为工作较少而觉得自己被边缘化了。因此，他将项目组的工作重新梳理了一遍，又将每个人手头的工作梳理了一遍，重新给每个人分配了任务。

大家一开始觉得很诧异，但也接受了小B分配的任务。由于这些任务都是根据每个人的情况和特长分配的，原先任务重的人，现在有所缓解，他们感觉得到了领导的帮助和理解；而原先没有多少任务的人，现在也有了适合的任务，他们也觉得得到了领导的器重，大家很有干劲。

令小B没有想到的是，原先半个月还做不完的工作，大家竟然在三天时间内理出了思路，按照这个进度，不到一个星期就能做完。小B觉得很诧异。

等到周一的时候，小B开完进度报告会，正准备跟领导汇报读书心得，领导看着小B神采奕奕的样子，打断了他，说："现在还不着急汇报，再过半个月吧，你再来跟我交流。"

由于工作安排得当，项目组成员很快就把工作都完成了，剩余了很多时间，大家都等着小B安排新的工作。小B确实也给大家安排了一些日常的工作，但没有安排太繁重的工作。不仅如此，小B还一改之前严肃的面孔，宣布每周三是项目组的茶话会时间，大家一起放松心情，交流想法。

大家不知道小B葫芦里卖的什么药，但想到每周三都能放松，还是觉得这是件好事情，纷纷表示赞同。

等到周三茶话会的时候，大家在闲聊中说起刚研发的一个产品。其中有一个人一边说还一边大开脑洞，表示与其那样做，还不如这样做，详细阐述着自己的观点。接着有人附和："对，就应该这样做。"就这样，原本一场简单的茶话会，变成了一场头脑风暴会。由于氛围轻松，原本不爱在会上发表意见的人也表达了自己的一些真实想法，慢慢地，一个新产品的模型出来了。

又经过半个多月的努力，项目组齐心协力优化了这个头脑风暴出来的新产品，产品刚一上市，就获得业内和用户的一致好评。小B也得到了领导的表扬。不用说，项目组也保住了，困扰他的问题迎刃而解。

事后，小B和领导一起复盘了整件事情。他认为，是"九学科"管理思维中生物思维的灰度法则和地理思维的责任划分起了作用。"看来'九学科'管理思维还真有两下子，我得好好研读。"小B笑着对领导说。

参考文献

1. 郭咸纲. 西方管理思想史［M］. 北京：北京联合出版公司，2014.

2. 德博诺. 六项思考帽［M］. 马睿，译. 北京：中信出版社，2016.

3. 罗宾斯，库尔特. 管理学［M］. 13 版. 刘刚，程熙鎔，梁晗，等译. 北京：中国人民大学出版社，2017.

4. 希特，爱尔兰，霍斯基森. 战略管理：概念与案例［M］. 12 版. 刘刚，梁晗，耿天成，等译. 北京：中国人民大学出版社，2017.

5. 阿特金森，切尔斯. 被赋能的高效对话：教练对话流程实操［M］. 杨兰，译. 北京：华夏出版社，2019.

6. 阿代尔. 人际沟通［M］. 燕清联合，译. 海口：海南出版社，2008.

7. 北野健一. 麦肯锡思维与工作法［M］. 北京：现代出版社，2017.

8. 科歌昂，布莱克莫尔，伍德. 项目管理精华：给非职业项目经理人的项目管理书［M］. 张月佳，译. 北京：中国青年出版社，2016.

9. 曾仕强. 人性管理［M］. 成都：四川人民出版社，2019.

10. 曾仕强. 中国式思维［M］. 北京：北京联合出版公司，2017.

11. 卢森堡. 非暴力沟通［M］. 阮胤华，译. 北京：华夏出版社，2018.

12. 德韦克. 看见成长的自己［M］. 杨百彦，乔慧存，杨馨，译.

北京：中信出版社，2011.

13. 孟德斯鸠．论法的精神：上下册［M］．北京：商务印书馆，2020.

14. 夏皮罗．不妥协的谈判：哈佛大学经典谈判心理课［M］．北京：中信出版社，2019.

15. 马丁．责任病毒：如何分派任务和承担责任［M］．方海萍，魏清江，范海滨，译．北京：机械工业出版社，2019.

16. 波利亚．怎样解题：数学思维的新方法［M］．上海：上海科技教育出版社，2018.

17. 全唐文［M］．北京：中华书局，1983.

18. 杜佑．通典：全12册［M］．北京：中华书局，1984.

19. 欧阳修，宋祁．新唐书［M］．北京：中华书局，1975.

20. 司马光．资治通鉴［M］．长沙：岳麓书社，2018.

21. 管子［M］．李山，译注．北京：中华书局，2019.

22. 金属切削试验［EB/OL］．［2021 – 08 – 15］．https：//wiki. mbalib. com/wiki/% E9% 87% 91% E5% B1% 9E% E5% 88% 87% E5% 89% 8A% E8% AF% 95% E9% AA% 8C.

23. 铁锹试验［EB/OL］．［2021 – 08 – 16］．https：//wiki. mbalib. com/wiki/% E9% 93% 81% E9% 94% B9% E8% AF% 95% E9% AA% 8C.

24. 搬铁块试验［EB/OL］．［2021 – 08 – 16］．https：//wiki. mbalib. com/wiki/% E6% 90% AC% E9% 93% 81% E5% 9D% 97% E8% AF% 95% E9% AA% 8C.

25. 访谈实验［EB/OL］．［2021 – 08 – 20］．https：//wiki. mbalib. com/wiki/% E8% AE% BF% E8% B0% 88% E5% AE% 9E% E9% AA% 8C.

26. 群体实验［EB/OL］．［2021 – 08 – 21］．https：//wiki. mbalib. com/wiki/% E7% BE% A4% E4% BD% 93% E5% AE% 9E% E9% AA% 8C.

27. 马化腾致信合作伙伴：灰度法则的七个维度［EB/OL］．（2012 – 07 – 09）［2021 – 09 – 01］．https：//tech. qq. com/a/20120709/000099. htm.

28. 化学纪录片大盘点！这些豆瓣 9.9 分的科学迷必看系列，每一个都是精品！［EB/OL］.（2020 - 06 - 20）［2021 - 08 - 13］. http：// ibook. antpedia. com/x/493273. html.

29. 卡尔·威尔海姆·舍勒［EB/OL］.［2021 - 08 - 20］. https：// baike. baidu. com/item/% E5% 8D% A1% E5% B0% 94% C2% B7% E5% A8% 81% E5% B0% 94% E6% B5% B7% E5% A7% 86% C2% B7% E8% 88% 8D% E5% 8B% 92/8786358.

30. 福利实验［EB/OL］.［2021 - 08 - 23］. https：//wiki. mbalib. com/wiki/% E7% A6% 8F% E5% 88% A9% E5% AE% 9E% E9% AA% 8C.